НЕскучные АФОРИЗМЫ для веселых людей

ХАРВЕСТ
Минск

УДК 882(100)-7
ББК 84(2Рос-Рус)
Н 55

Автор-составитель
Владимир Вячеславович **Адамчик**

Н 55 **Нескучные афоризмы для веселых людей** / Авт.-сост. В. В. Адамчик. – Минск: Харвест, 2011. – 384 с.

ISBN 978-985-16-9337-1

Книга представляет собой сборник шуточных афоризмов и способна доставить немало веселых минут любителям и знатокам юмора.

УДК 882(100)-7
ББК 84(2Рос-Рус)

А

Абсурд

То, что не удается довести
до ума, доводится до абсурда.

Автобус

Если автобусу изменит жена —
он станет троллейбусом.

Самая большая плотность
населения у нас — в автобусах.

Автомобиль

Автомобиль не роскошь,
а средство для общения.

Автор

Критиковать — значит
объяснять автору, что он делает
не так, как делали бы вы,
если бы умели.

Агент

Страховой агент —
это человек, который желает
нам добра после зла.

Ад

Ад — историческая родина
человека, рай —
доисторическая.

Адвокат

Если ты сам себе адвокат,
значит, твой клиент — идиот!

Адидас

Кто носит майку «Адидас»,
тому любая баба даст.

Акваланг

Нырнул с аквалангом —
не притворяйся шлангом.

Акт

Есть три вида полового акта:
анальный, оральный
и банальный.

Аладдин

Аладдину все до лампочки.

Алкоголизм

Чтобы лечиться
от алкоголизма, не нужно
ненавидеть водку.

Алкоголик

Алкоголик — это человек,
которого губит выпивка
и ее отсутствие.

Алкоголь

Алкоголь в малых дозах
безвреден в любых
количествах.

Действительность — это
иллюзия, появляющаяся
из-за недостатка алкоголя.

Такая нам досталась доля —
нам не прожить без алкоголя!

Алтын

Кому алтын,
а кому Intel Pentium.

Алфавит

Я — последняя буква
в алфавите.

Амбиции

Амбиции — как член в метр
длиной: очень круто
и совершенно бесполезно.

Американец

Американцы: «Мы из негров
звезд не делаем».

Англичанин мыслит сидя,
француз — стоя.
Русский думает потом.

Анализ

Если тебя что-то беспокоит,
сдай анализы: возможно,
это глисты.

Ангел

Ангел — это пешеход, который
не успел отскочить в сторону.

Когда мы любим — мы ангелы.
Когда нас любят — мы дьяволы.

Анекдот

Анекдоты травят, а они все
равно живут долго.

Анонимщик

Девиз анонимщика: «Я пишу, значит, я существую».

АОО

В чужое АОО со своим уставом не ходят.

Апельсинка

У осинки не родятся апельсинки.

Аппетит

Аппетит приходит во время еды, а отравление — после.

Аппетит приходит вовремя, а еду опять задерживают.

Армия

Армия делает из юноши мужчину, а из девушки — женщину.

В армии так: «Прапорщик сказал: «Бурундук — птичка». Значит, птичка, ищи перья».

В армию берут здоровых, а спрашивают как с умных.

Жениться перед армией — это все равно что неграмотному человеку покупать библиотеку, зная заранее, что пользоваться ей будут другие.

Артист

Тяжела и неказиста жизнь советского артиста.

Арфа

Арфа — это стриптиз пианино.

Архимед

Окончательная формулировка закона Архимеда: на тело, погруженное в сорокаградусную жидкость, не действуют никакие законы.

Атас

А у нас в стране атас.
А у вас?

Ателье

Ателье мод — это забегаловка для женщин.

Атлантика

Редкий генерал долетит
до середины Атлантики.

Аукнуться

Как аукнется, так и х...ется.

Афоризм

Хороших афоризмов мало.
С появлением этого их станет
еще меньше.

Б

Баба

Баба не волк, в лес не убежит.

Баба с возу — дальше будешь.

Баба с возу — кобылой меньше.

Баба — это женщина, которая делает мужчину похожим на мужика.

Бабу с возу! Кобылу в позу!

Бабу толстым х…
не испугаешь.

Бей бабу молотом —
будет баба золотом.

Все люди — братья, все бабы — сестры…

И баба с возу, и волки сыты.

Кончил дело, баба с возу,
кобыла в шоке.

Лучше трахнуть бабу Клаву,
чем учить основы права.

Сорок пять, сорок пять —
баба ягодка опять.

Бабка

«Старость не радость», —
говорила бабка, обгоняя
электричку.

Бабки

На бабки бабы падки.

Охал дядя, на чужие бабки
глядя.

Бабушка

Вот тебе, бабушка, и юркнул
в дверь!

Любишь кататься —
люби и бабушки платить.

Базар

Базар копейку любит.

Ученые открыли ген, который отвечает за базар.

Баклуши

Бить баклуши можно и в две смены.

Бакс

Где баксы — там и бабы.

Храните деньги
в сберегательных баксах!

Баланс

Баланс: женщины чаще
говорят глупости,
мужчины — чаще делают.

Бальзам

Лучшее лекарство —
бальзам на душу.

Банан

Сколько волка ни корми —
все равно банан хочет.

Бандит

Бандитов бояться —
в лифт не ходить.

Банк

Банк — это место,
где вам дадут взаймы денег,
если вы докажете, что вам
эти деньги не нужны.

Баня

В баню ходят только те,
кому чесаться лень.

Только в бане имеет смысл
менять шило на мыло.

Хочешь узнать человека —
сходи с ним в баню.

Барабан

Если народу все по барабану,
то государству труба.

Баран

Дело не в том, что Долли —
овца, а в том, что мы себя
ведем как бараны.

Барыш

Барыш без накладу не живет.

Баста

Не учи отца… и баста.

Батька

Сообща и батьку бить легче.

Беда

Беды всегда приходят парами:
пара за парой, пара за парой.

Две беды в России — дорогие дураки и дешевые умники.

Счастье пучит, а беда крючит.

Бедность

«Бедность не порок», — любила повторять роскошь.

Хуже богатства — только бедность.

Бедный

Жизнь россиян бедная, зато как богата русская история!

Самое верное средство остаться бедным — это быть честным.

Безалкогольный

Если перепить безалкогольных напитков, будет пепсилепсия.

Безбабье

На безбабье и рыбу раком.

Безбожие

Безбожие — это основа всех великих религий мира.

Безделье

Мешай дело с бездельем, проводи время с весельем.

Безнаказанный

Ни одно дело не остается безнаказанным.

Безобразие

Я вам не позволю безобразие прекращать!

Безоговорочно

Безоговорочно нельзя соглашаться даже с собой.

Безопасность

От несоблюдения техники безопасности человек может не только умереть, но и родиться.

Безответственность

Знание закона не освобождает от безответственности.

Безразличие

Подчеркнутое безразличие тоже знак внимания.

Безрыбье

На безрыбье и кастрюля — соловей.

На безрыбье и рак — селедка.

На безрыбье и сам раком станешь.

Белка

Быстро е…тся белки, оттого и ведутся мелки.

Белый

Белые начинают…
и не могут кончить.

В черные списки первыми
попадают белые вороны.

Когда-то делились
на «красных» и «белых»,
теперь — на «зеленых»
и «голубых».

Береженый

Береженого Бог бережет,
а небереженого конвой
стережет.

Бесконечно

Бесконечно можно смотреть
на три вещи: как горит
огонь, как льется вода
и как бухгалтер выдает
зарплату.

Бескрайний

Дорогая, ты увидишь —
он бескрайний.
Я тебе его дарю!

Бесплатно

Бесплатно только птички поют.

Бесптичье

На бесптичье и ж…а соловей.

Бессонница

Бессонница — это когда
не откладываешь на завтра то,
что можно сделать сегодня.

Лучше шесть часов в школе,
чем бессонница.

Бешеный

На коровьем бешенстве
делают бешеные деньги.

У каждого свои проблемы.
У нас — бешеные коровы,
у них — бешеные цены
на говядину.

Биде

Не бросай товарища в биде.

Бизнес

Бизнес — это искусство
извлекать деньги
из кармана другого человека,
не прибегая к насилию.

Бизнесмен

В бизнесмене должно быть
все прекрасно: и 600-й «мерс»,
и дача на Канарах,
и контрольный выстрел
в голову.

Бикини

Нас на бикини не проведешь.

Билл

Не так страшен Билл,
как его Клинтон.

Билли

Английский не выучу
только за то, что им
разговаривал Билли.

Бисер

Метал бисер перед свиньями,
пока не захрюкал.

Битие

Битие определяет сознание.

Битум

За одного битума один
рубероид дают.

Битый

Не за то волка бьют, что сер,
а за то, что за одного битого
двух небитых дают.

Бить

Выше пейджера не бить.

За спрос не бьют в нос.

Не бей лежачего,
ведь он может и встать.

Блевать

Не блюйте под стол, там гости!

Блестеть

Не все то лысина, что блестит.

Ближний

Не думай дурно о всех ближних сразу. Думай по очереди.

Блин

Не говори «блин», пока не съешь оладушек.

Первый блин маслом не испортишь.

Блиндаж

Первый блиндаж комом.

Блондинка

Блондинка — это смесь брюнетки с пергидролем.

Блоха

Без труда и блоху
не поймаешь.

Блудить

И медведь шутил,
когда человек блудил.

Б...дь

Весь мир — бардак,
все люди — б…ди.

Я сухой закон блял,
б…ду и б…дь буду.

Б...дство

Пьянству — boy,
б…дству — girl.

Бобр

От бобра бобра не ищут.

Убить бобра —
не видать добра.

Бог

Бог не нищий, любит тыщу.

Бог-то Бог, но и сам лови блох.

Дай Бог не последнюю.

Кто рано встает,
с тем Бог поддает.

Научи фанатика Богу
молиться, он и небоскреб
разобьет.

Прогноз предполагает,
а Бог располагает.

Богатая

Если вы хотите жениться
на умной, красивой и богатой,
то вам придется
жениться три раза.

Богатый

Как богаты, так и рады.

Богатырь

Не перепились еще богатыри
на земле русской.

Боженька

Не богохульствуй, а то
боженька язык отх…ярит.

Бой

После boy'а кулаками
не машут.

Пьянству — бой. Но и girl
не бывает лишней.

Бокс

Самое страшное в боксе —
штрафной удар.

Болгария

Курица не птица —
Болгария не заграница.

Болезнь

Было бы здоровье —
болезни найдутся.

Все болезни от нервов,
и только венерические —
от любви.

Если вовремя не обратиться
к врачу, болезнь может
пройти сама.

Ничто так не продлевает
жизнь в старости,
как хронические болезни.

Хорошая болезнь склероз:
ничего не болит
и каждый день новости.

Болеть

У кого что болит,
тот о том и говорит.

Если вечером лег спать
в ботинках, то наутро
почему-то болит голова.

Если у вас болит голова, это не значит, что она у вас есть.

Болтать

Не болтай,
а то отправят на Алтай.

Болтун

Болтун — находка для ребенка.

Шпион — находка для болтуна.

Боль

Боль — единственное
материальное ощущение,
ее реальность сложно оспорить.

Боль уходит вместе с зубами.

Больной

Больной нуждается в уходе врача. И чем дальше тот уйдет, тем лучше.

Больному стало легче: он перестал дышать.

Когда доктор сыт — и больному полегче.

Хорошо зафиксированный больной в анестезии не нуждается.

Большой

Лучше в 30 с большим, чем в 20 с небольшим.

Бомж

Гвозди бы делать из этих
бомжей.

Борода

Кулак в бороду,
дубинка в ребро.

Бороться

Бороться и искать,
найти и перепрятать!

Боря

Боря матом небо кроет.

Ботинок

Купи себе ботинки из бетона
и иди купаться.

Брак

Брак — поезд дальнего следования, с которого многие сходят на ближайшей станции.

Педагог и офицер — лучший брак в СССР.

Брат

Бывают братья по разуму, а бывают по недоразумению.

Братва

Братву по осени сажают.

Брать

Бери больше и неси, куда пошлют.

Если я сказал «Не брал»,
значит, не отдам!

WWW:
один кладет — все берут.
МММ:
все кладут — один берет.

Брачный

И первая брачная ночь
может оказаться
Варфоломеевской.

Брелок

Брелок для ключей —
это такая маленькая фигулька,
которая позволяет потерять
все ключи одновременно.

Брить

Брить иль не брить —
вот в чем вопрос.

Бриться

Лучше один раз родить,
чем всю жизнь бриться.

Не мылься, бриться не будешь.

Брод

В ведре брода нет.

Не зная брода, пропусти
вперед товарища.

Не зная брода, иди на фиг.

Бродить

Лучше бродить, чем киснуть.

Брокер

Брокер от пейджера недалеко падает.

Броневик

Трудно не слушать того,
кто выступает на броневике.

Бронежилет

Бронежилет — лучше
для мужчины нет.

Нет ничего печальнее на свете,
чем загорать в бронежилете.

Броненосец

Бронетемкин Поносец.

Бросать

Брось, а то уронишь.

Бросить

Если бросить пить, сразу захочется есть.

Брудершафт

Если вы хотите выпить с самим собой на брудершафт, возникает вопрос: с кем же целоваться?

Бруевич

Не так страшен Бонч,
как его Бруевич!

Брут

Не так крут Брут,
как его малюют.

Брюки

Береги брюки сзади,
а юбку спереди.

Брюки галифу —
работать не могу.

Бублик

Если вам досталась дырка
от бублика, то сам бублик
достался кому-то другому.

Будущее

Надпись над писсуаром:
«Твое будущее
в твоих руках!»

Не все то настоящее,
что находится между
прошлым и будущим.

У всех нас в прошлом было
светлое будущее.

Буксир

Если вас тащат на буксире
по Красной площади,
то либо вы оба пьяны в доску,
либо вы —
межконтинентальная
баллистическая ракета.

Бумага

Что доверено бумаге,
то быстро забывается.

Бумажка

Без бумажки ты букашка,
а с бумажкой — человек.

Буратино

Водка «Буратино» —
почувствуйте себя дровами.

Бутерброд

То, что ваш бутерброд упал
маслом вниз, еще не самое
худшее, что может быть:
у некоторых бутерброд падает
вниз маргарином.

Бутылка

Пошлешь дурака за бутылкой,
он одну и принесет.

Буфет

В буфете хорошо,
а на сцене лучше!

Бывалец

Ты не бывал на бывальцах
и не едал г… на пальцах.

Быстро

Быстрее, глубже, нежнее.

Быть

Будет то, что будет, даже
если будет наоборот.

Бюджет

Бюджет требует жертв.

Бюст

Свято место бюстом
не бывает.

В

Вагон

Голубых вагон бежит,
качается.

Валенки

Мы не правые и не левые,
потому что мы валенки.

Валерьянка

Кто не рискует, тот не пьет валерьянку.

Валяться

Любишь валяться — люби и дурочку валять.

Ванна

Садясь в ванну, вспомни, в какой карман положил мыло.

Ванька

Отобрали у мышки — норушку, а у Ваньки — встаньку.

Вареный

Кипит наш разум
возмущенный,
вареный мозг к еде готов.

Вежливость

Вежливость — самая
приемлемая форма лицемерия.

Век

Век вклада не видать.

Великий

Все великие поумирали.
Да и мне что-то нездоровится…

Венец

Свинец — делу венец.

Веник

Если в доме нету денег,
привяжите к ж… веник.

Вера

Вера может двигать горы,
она колоссальная баба.

Верблюд

Кто целый день не пьет,
тот верблюд.

Веревка

Сколько веревка ни вейся,
а конец у мужика
все равно один.

Верить

Верить можно только
в невероятное. Остальное
само собой разумеется.

Верность

В защиту супружеской
верности: от частой смены
дырок любой гвоздь согнется.

Вероятность

Чем дольше вы ждете,
тем больше вероятность того,
что вы ждете не там.

Верх

Верх выносливости — сидеть
на иголках и кашлять.

Вершок

На чужой вершок не разевай корешок.

Весна

Весна покажет, кто где ср…л.

Весна ударила, куда не ждали.

Ветер

Не ссы против ветра: обрызгать может.

Посеешь ветер — пожнешь дивиденды.

Вечер

Из позавчерашнего вечера я помню только вчерашнее утро.

Как сладостно под вечер
облегченье.

Вещь

Говори несерьезно о серьезных
вещах — и люди сочтут
тебя циником.

Говоришь несерьезно
о несерьезных вещах —
и люди считают тебя дураком.

Взгляд

Взгляды каждый день
не меняют. Их меняют
через день.

Полюбить можно с первого
взгляда. Возненавидеть —
с первого слова.

Вздох

Лучше вздох облегчения,
чем его выдох.

Взмахнуть

Он сказал: «Поехали!» —
и взмахнул другой.

Взнос

Не суй взнос не в свое дело!

Взятка

Взятку сексом не испортишь.

Взять

А где мне взять такую кожу?

Взяться

Взялся за член —
не говори, что чечен.

Виагра

«Виагра-лайт» —
просто хочется целоваться.

Вид

По виду ей не дашь больше
тридцати, по ее фотографии —
не больше четырнадцати.

Видно

Тому виднее, у кого длиннее.

Виндоус

Не все то «Виндоус», что висит.

Вино

В вине мудрость. В пиве сила.
А в воде микробы.

Вино на пиво — диво,
а пиво на вино — дерьмо.

Винтик

Какой винтик не мечтает,
чтобы были потуже
затянуты гайки.

Виски

Виски без пива —
— деньги на ветер.

Витаминка

Каждая соринка —
организму витаминка.

Вкус

На вкус и цвет
взыскания нет.

На вкус и цвет
«Трех товарищей» нет.

На вкус и цвет сериалов нет.

Вкусно

Давайте жить вкусно!

Влагалище

Лучше нет влагалища,
чем очко товарища.

Власть

Вакуум власти всасывает
в себя всякий мусор.

Влепить

Я в него влепила из того,
что было, а потом, что стало,
то и закопала.

Влюбиться

Во что влюбился, то и целуй.

Влюбленный

Влюбленные трусов
не надевают.

Внешность

Если внешность обманчива,
почему люди так хотят
хорошо выглядеть?

Обманчивая внешность редко
бывает некрасивой.

Вобла

Вобла — это кит,
доживший до коммунизма.

Вовремя

В нашем деле —
вовремя смыться.

Главное — вовремя
подсуетиться.

Вода

Вода дырочку найдет.

Водитель

Водитель, опасайся тех мест,
откуда появляются дети.

Водка

Водка без пива —
деньги на ветер.

Водка в малых дозах полезна
в любых количествах.

Водка лучше хлеба.
Ибо грызть не треба.

Зачем человеку голова?
Чтоб водке было куда ударить.

Кто с водкой дружен,
тому х… не нужен.

Лучше выпить водки литр,
чем сосать соленый клитор.

Не водкой единой
пьян человек!

От Парижа до Находки
с водкой лучше, чем без водки.

Работа — наш друг,
и мы ее не трогаем.
Водка — наш враг,
и мы ее уничтожаем.

Сколько водки ни бери, все
равно два раза бегать.

Финская водка в теплой
компании гораздо лучше
теплой водки в теплой
компании.

Чем дальше в лес,
тем меньше водки.

Воз

Что с воза упало, то держи
карман шире.

Что с воза упало,
тому и глаз вон.

Возбуждать

Не уверен — не возбуждай.

Воздух

Воздух — это шарик,
с которого содрали кожу.

Возраст

В каждом возрасте свои
прелести, а в молодости
еще и чужие.

Воин

Один графоман в поле
не воин.

Война

В войне главное не побеждать,
а участвовать.

Миру — мир,
войне — пиписька.

Волк

Волков бояться —
в лесу не е…ться.

Волков бояться —
умным быть.

И волки сыты, и овцы целы,
и пастуху вечная память…

Нисколько волка не корми:
волка ноги кормят!

Похвалил волк кобылу.

Сколько волка ни корми,
а запить дай!

Сколько волка ни корми,
а имей сто рублей.

Сколько волка ни корми,
а он все равно лоб расшибет.

Сколько волка ни корми,
все равно у осла х… больше.

Сколько волка ни корми,
он все равно смотрит!

Сколько волку палец в рот
ни клади, он все равно
его откусит.

Волосы

Лучше не иметь волос,
чем быть лысым.

Волчок

Вертись волчком,
да не стой торчком.

Воля

Дай нам волю, и мы обнесем
ее проволокой.

Вопрос

Вопросы психиатра всегда
какие-то странные.

Когда ты ставишь вопрос
ребром, он обязательно
выйдет тебе боком.

Вор

Вор — это тот, кто находит
непотерянные вещи.

Дома от вора и стены
не помогут.

На воре шапка горит,
а на пиве — выпить велит.

Воробей

Глюк — не воробей,
вылетит — убей.

Челюсть не воробей:
вылетит — не поймаешь.

Воровать

Воровать — так миллион,
целовать — так королеву.

Ворон

Если ворон выклевал глаз
ворону, в семье не без урода.

Восток

Восток — дело тонкое,
а где тонко, там и рвется.

Враг

Враг не дремлет — он спит.

Всегда прощайте своих врагов:
ничто не раздражает
их так сильно.

Завтрак съешь сам,
а рагу отдай врагу.

Книжки — наши друзья,
наркотики — наши враги.

Не все то лучшее,
что враг хорошего.

Ужин не отдавайте врагу,
а делите с хорошенькими
девушками.

Врач

Завтрак съешь сам,
обед раздели с другом,
а ужин отдай врачу.

Человек человеку — врач.

Время

Время — деньги,
а денег у нас нет.

Время, которое у нас есть, —
это деньги, которых у нас нет.

Время лечит, но за деньги
быстрее.

К тому времени, когда
приучаешься спокойно
переносить все, что о тебе
говорят, о тебе уже
ничего не говорят.

Наше время — пародия
на все предшествующие.

Врубаться

Врубаться можешь ты не быть,
но загрузиться быть обязан!

Все

Действительно —
все относительно.

Второй

Поздно выпитая вторая —
загубленная первая.

Входить

Что-то в нас входит,
что-то выходит,
что-то остается в нас.

Вчера

Вчера стоял, а ты пришла
сегодня!

Вшивый

Кто о чем, а вшивый о бане.

Выборы

Каждый имеет право
на ошибку, а чтобы каждый
мог этим правом
воспользоваться,
проводятся выборы.

Выбирать

Очень часто мы выбираем
не из того, что хотим иметь,
а из того, что боимся потерять.

Выделка

Дивчинка выделки не стоит.

Выжить

Выжил сам —
не выживай других.

Вымя

Что в вымени тебе моем?

Высота

Высота — это продолжение
глубины.

Высунувшийся

Высунувшийся получает по голове.

Выход

Даже если вас съели, у вас есть два выхода.

Г

Газета

Любите газету — неиссякаемый источник кульков для семечек.

Гаишник

«Какой же русский не любит быстрой езды», — говорил гаишник, пересчитывая бабки.

Гайка

На каждую хитрую гайку есть болт с винтом.

Гастрит

Гастрит по осени считают.

Генерал

Не каждый генерал досидит до середины стола.

Гениальное

Все гениальное — в простыню.

Гений

В любом из нас спит гений.
И с каждым днем все крепче.

Гений — это человек, которому далеко до других.

На детях гениев природа отдыхает.

Гениталии

Гениталии всех стран, соединяйтесь!

Генитальное

Все генитальное просто.

Геноцид

Геноцид — это насилие
над Чебурашками.

Гепатит

Гепатит приходит
во время еды.

ГИБДД

ГИБДД напоминает: тише
едешь — меньше должен.

И только работники ГИБДД
опровергают фразу
«Не свисти, денег не будет».

Гибель

Лучше гибель со славой,
чем бесславие до конца.

Гимн

Из гимна слов не выкинешь.

Гипотенуза

Если двое накатят,
то третий гипотенуза.

Гипс

Лучше гипс и кроватка,
чем гранит и оградка.

Упал, отжался…
Очнулся — гипс.

Глава

Глава семьи не тот,
кто зарабатывает деньги,
а тот, кто их тратит.

Главное

Главное — вовремя не понять.

Главное — не суетиться
под клиентом.

Главное — прокукарекать,
а там хоть не рассветай.

Глаз

Глаза боятся,
а руки — крюки.

Глаза боятся,
а руки пакостят.

Глобус

Глобус — чучело земли.

Глупая

Чтобы быть глупой,
недостаточно быть красивой.

Глупец

Там, где для глупца тупик,
для мудреца лабиринт.

Глупость

Быть умным мешает глупость.
Быть глупым ничто не мешает.

Глупость допустима только
в разумных пределах.

Начинать делать глупости
нужно как можно раньше,
тогда будет время
их исправить.

Глушь

Живи в глуши, а к нам
грамотки пиши.

Глюки

Большой программе —
большие глюки.

Старый глюк лучше
новых двух!

Гнать

Кто быстро гонит,
того медленно несут.

Г...но

Вспомнили про г… —
как тут и оно.

Г… кратко. Проси мало.
Приноси много. Уходи быстро.

Г… не тонет.

Кто спорит, тот г… не стоит.
А кто молчит, тот в г… сидит.

Немецкое г… и в зубах добро.

Говорить

Если ты говоришь то,
что думаешь,
то думаешь ли ты?

Меньше делай, больше говори.

Говори, что думаешь,
однако постарайся убежать,
прежде чем тебя поймут.

Годзила

Не родись красивой,
а родись годзилой.

Голова

Бритая голова рукам
покоя не дает.

Голова хорошо,
а с волосами лучше.

Дурная голова ногам
покоя не дает.

Дурные ноги голове
покоя не дают.

Не бери в голову,
бери в ноги…

Не берите в голову, берите
в плечи — шире будете.

Одна голова хорошо,
а голова с туловищем лучше.

Одна голова хорошо,
а двух не бывает.

Одна голова хорошо:
один раз отрежь!

Одна голова хорошо,
а все тело лучше.

Одна голова хорошо,
а два сапога пара.

Одна голова хорошо,
а две некрасиво.

Одна голова хорошо,
а с мозгами лучше.

Одна голова хорошо:
кобыле легче.

Снаружи голова лысеет
значительно медленнее.

Умная голова,
а дураку досталась.

Головка

К пустой головке руку
не прикладывают.

Голод

Голод не тетка,
в лес не убежит.

Голод не тетка:
придет — не трахнешь.

Голодный

Лысый голодному не товарищ.

Сытый голодного
не раз имеет.

Голодранец

Голодранци всіх краін
в одну кучу — гоп!

Голос

Женский голос
как в ж… волос:
тонок да вонюч.

Гоп

Не говори «гоп»,
коли рожа крива.

Гора

Всю ночь поднимается
медленно в гору,
а утром посмотришь —
опять с ноготок.

Если гора не идет к Магомету,
то гора идет гулять.

Горбатый

Могила горбатого — справа.

Горбачев

Куй железо, пока Горбачев.

Горе

Слезая, горю не поможешь.

Горилла

У гориллы большие ноздри, потому что у нее большие пальцы.

Гормон

Что ты ходишь, гормон одинокий, что ты девушкам спать не даешь.

Гороскоп

На гороскоп надейся, а сам не плошай.

Господь

Не поминайте Господа — всунем!

Гость

Бойся гостя стоячего,
не бойся гостя сидячего.

В гостях хорошо,
а дома плохо.

В гостях хорошо,
а дома у меня нету.

В гостях хорошо,
дома меня нет.

В гостях хорошо: халява!

Дома хорошо,
а в гостях на халяву.

Не плюй под стол.
Там тоже гости!

Государство

Сколько государство
ни обманывай, своего все равно
не вернешь.

Грабли

Наступив на грабли,
наслаждайся фейерверком.

Грамм

Сто грамм не стоп-кран:
дернешь — не остановишься.

Грех

Грех предаваться унынию,
когда есть другие грехи.

Грешить

Каждый грешит в меру
своей испорченности.

Гриб

Все грибы съедобны,
но некоторые только раз
в жизни.

Гринпис

Не плюй в колодец:
у Гринписа длинные руки.

Гроб

Кто не рискует,
того не хоронят в гробу
из красного дерева.

Гром

Гром не грянет —
свинья не съест.

Грудь

Взялся за грудь —
говори что-нибудь.

Грудь — это лицо женщины!

Не смотри, что грудь впала,
зато спина колесом.

Что на груди своей пригреешь,
то всю жизнь шипеть и будет.

Груздь

Любишь кататься —
полезай в кузов.

Назвался груздем —
захотелось солененького?

Назвался груздем,
не будь сыроежкой.

Назвался кузовом,
принимай грузди.

Грязь

От грязи еще никто не умирал,
а от чистоты не воскресал.

Перед тем как втоптать кого-то
в грязь, убедитесь в том,
что она лечебная.

Гуж

Брался за гуж — не забудь
сходить в душ.

Взялся за гуж — не говори,
что не муж.

Гузно

Выше гузна не перди.

Гулливер

Местами стать бы Гулливером.

Гусман

Гусман Михалкову не товарищ.

Гусь

Гусь свинье господин.

Гусь свинье не товарищ,
а друг.

Д

Давай

Давай не будем, а если будем,
то давай.

Давалка

Всем давать — давалка
сломается.

Давать

Если каждому давать,
не успеешь и вставать.

Далеко

Дальше — больше, …быстрее,
выше, сильнее…

Чем дальше тебя посылают,
тем больше тебе доверяют.

Дама

Если дама, подавая руку
для поцелуя, не сняла перчатку,
джентльмен может
не вынимать изо рта сигару.

Нет дамы без огня.

Дантес

Дантес плюс Кавказ равно
Данзас?.. Канзас?.. Да ну вас!

Даровинка

На даровинку и хрен сладкий.

Даром

Даром — за амбаром, понял?

Скажи-ка, тетя, ты не даром?

Дать

Не дай себе просохнуть!

Дверь

Двери по осени считают.

Если для тебя открыты все двери, то это вовсе не значит, что все готовы из-за тебя сидеть на сквозняке.

Осторожно, двери не закрываются!

Движение

Каждое движение в балете
называется «па», значит,
чтобы стать папой, надо
сделать, как минимум,
два движения!

Двое

Каждый должен работать
за двоих, которые работать
не хотят.

Девица

Красна изба пирогами,
а девица — грудями.

Тепло ли тебе, девица,
тепло ли тебе, синяя?

Девка

И девки целы, и парни сыты.

Ложись, девка, большая
и маленькая!

Мне больше девка не нужна.
Я кончаю под «На-на».

Девочка

Каждая маленькая девочка
мечтает о большом.

Девственность

Девственность — женский
недостаток, устраняемый
мужским достоинством.

Девушка

Девушка как парашют,
лучше всегда иметь запасной.

Девушки должны собирать
цветы, ибо это вырабатывает
в них навык низко нагибаться.

Девушки, которые курят,
кончают раком. Некурящие
девушки оттягивают конец.

Девушки подобны цветам:
раскрываются только
от тепла и света.

Если вы дохнули на девушку
и ее глаза запотели, значит,
она к вам холодна.

Как много девушек хороших,
но тянет что-то на плохих.

Кто девушку ужинает,
тот ее и танцует.

Почем вы, девушки,
красивых любите?

Я девушка порядочная.
Поэтому и дорогая.

Дед

Посадил дед репку.
Репа отсидел, вышел
и замочил деда.

Посадил дед рыбку,
а полить забыл.

Действительность

В действительности все не так,
как на самом деле.

Делать

Делай хорошо —
плохо само получится.

Если делать,
то делать по-большому.

Чтобы ни делать,
лишь бы ничего не делать.

Делаться

Все, что ни делается,
все к лучшему, а что
к лучшему, то не делается.

Дело

Дело гангстера боится.

Дело мастера боится,
а потому в руки не дается.

Делу время, помехе деньги.

Дурацкое дело нехитрое.

Когда дело заканчивается словами «Будем друзьями», начинаются одинокие ночи, попойки и бездарные стихи.

Не стройте из себя то, что вы есть на самом деле.

О чем у нас говорится,
все в дело сгодится.

Первым делом самолеты,
а под грузчиком потом?

Сделал дело — делай ноги.

Сделал дело — кобыле легче.

День

День прошел —
ближе к смерти.

Рабочий день сокращает жизнь
на восемь часов.

Трудно жить завтрашним днем
с сегодняшним гардеробом.

Деньга

Была бы деньга,
а лопата найдется.

Деньги

Были бы деньги, а повод мы
всегда найдем.

Всех денег не заработаешь —
часть придется украсть.

Деньги — зло. Зайдешь
на рынок, и зла не хватает.

Деньги не могут купить
счастье, но могут предложить
несчастье на выбор.

Деньги нужно срочно пропить,
так как потом их просто
не будет.

Деньги — склока,
а без них плохо.

Деньги счастья
не приносят, но укрепляют
нервную систему.

Если ваше счастье
не в деньгах,
то шлите их мне.

Когда денег много, как-то
легче переносится,
что не в них счастье.

Не в деньгах счастье,
а в их количестве.

«Не в деньгах счастье», —
сказал один знакомый
миллионер.

Отказался от счастья, узнав,
что оно не в деньгах.

Триста метров не деньги.

Дети

Дети — цветы жизни,
а старики — кактусы смерти.

Дети — цветы жизни.
Дарите девушкам цветы.

Дети — цветы жизни.
Надо вырвать их с корнем.

Дети — цветы жизни.
Но не надо делать
из них букет.

Дети — цветы жизни.
Плюнь — они завянут.

Дети — это цветы, но пускай
они растут на чужой клумбе.

Неудобно — это когда
соседские дети на тебя похожи.

Спички детям не игрушка,
покупайте зажигалки!

Самое приятное в детях —
это процесс их производства.

Детки

Маленькие детки спать
не дают, а большие жить.

Детоубийство

Если аборт — этот убийство,
то минет — людоедство!

Джентльмен

Джентльмен — это мужчина,
который, пригласив девушку
к себе домой посмотреть
гравюры, показывает ей
гравюры.

Джигит

В ж…у раненый джигит
далеко не убежит.

Джим

Дай, Джим, «на лапу»
счастье мне…

Джип

Реве и стогне джип чероки.

Диагност

Лучший диагност —
патологоанатом.

Дивчина

Слезать с дивчины —
признак дурачины.

Директор

На слово директора надейся,
а сам не плошай.

Дитя

Бешеному дитяти ножа
не давати.

Чем бы дитя ни тешилось,
лишь бы не какало.

Чем бы дитя ни тешилось,
лишь бы не руками.

Чем бы дитя ни тешилось,
лишь бы не трогало.

Чем бы дитя ни тешилось,
лишь бы своих не заводило.

Чем бы дитя ни тешилось,
но деньги не получит.

Днем

Днем согнем,
а вечером разогнем.

Добро

Добро всегда побеждает зло!
Так и неясно, кто кого
побеждает.

Добро побеждает русских.

Спешите делать добро,
все равно не вспомнят.

Доверять

Доверяй, но проверяйся!

Довы...ываться

Если кто-то громко плачет,
довы...ывался, значит!

Догнать

Догнать и идти рядом, чтоб
не сверкать голым задом.

Доктор

Время лечит,
но доктор быстрее.

Смерть — лучший доктор.

Долг

Долг займом красен.

Долг нагишом платят.

Долг платежом страшен.

Долг утюгом страшен.

Супружеский долг.
Исполняется впервые.

Супружеский долг платежом классен.

Долго

Чем дольше вы ждете,
тем больше вероятность того,
что вы ждете не там.

Доллар

Если доллары печатают в США,
то почему их вывозят
из России?

Дом

Дом вести — не рукавом трясти.

Что нам стоит дом построить: нарисуем — будем жить.

Домысел

Грязные домыслы не испортят художественного вымысла.

Дорога

Домой и дорога прямее.

Дорога к успеху всегда закрыта на ремонт.

Плохие дороги требуют хороших проходимцев.

Достоверность

Достоверность — это невозможность не верить.

Драка

После драки в зубы не смотрят!

Дрожжи

На моих дрожжах ваше тесто взошло.

Дрочить

Каждый дрочит, как он хочет.

Друг

Для друга и г… не жалко.

Друг познается в еде.

Друг познается, пока не взял.

Друг — это тот,
кто все про вас знает
и все равно любит.

Заводить друзей нужно…
и подальше.

Не имей сто друзей,
а имей наглую рожу.

Не имей сто рублей,
а имей сто друзей:
всегда по рублю скинутся.

Старый друг лучше
новых русских двух.

Дружба

Дружба дружбой,
а кормушка врозь.

Дружба дружбой,
а ножки врозь!

Дружба дружбой,
но куда же девать либидо?

Дуб

Был бы дуб,
а пила найдется.

Дубровский

Не ссы, Маруся,
я Дубровский.

Дуда

Купил дуду на свою беду,
не можешь играть —
поможем продать.

Дума

Здесь русский дух…
здесь Думой пахнет.

Думать

Все думают о разном
и молчат об одном.

Думать легко, писать трудно.

Дурак

— А если так? — То ты дурак.

Дай дураку стеклянный х…
так или разобьет, или потеряет.

Дураком может быть каждый,
но злоупотреблять
этим не надо.

Заставь дурака Богу молиться,
он и Богу готов лоб расшибить.

Не спорь с дураком:
люди могут не заметить
разницу между вами.

Дурь

Дурь — это особая форма
материи, которая не возникает
ниоткуда и не исчезает никуда,
а лишь переходит из одной
головы в другую.

Душа

Душа военного — потемки.

Хотите избавиться от осадка на душе — не кипятитесь.

Чем чаще душа уходит в пятки, тем чаще ее топчут.

Дуэт

Супружеский дуэт.

Дым

И дым копченостей нам сладок и приятен.

Дырка

Дырка в голове от пули
не самый лучший способ
выпустить пар.

Дыхание

В заду дыхание сперло.

Дышать

Дыши, а то и этого лишат.

Дядя

Если дядя с дядей нежен,
СПИД у дяди неизбежен.

Мой дядя самых честных
правил, иных же оставлял
как есть.

Е

Е...ть

Быстро только кошки е…ться.

Кто е…т, тому и мясо.

Не е…и, да не е…н будешь.

Не е…ут, не крякай.

Не потому, что мы не е…м,
а потому, что нам не дают.

Е...ться

Любишь е…ться — люби
и сумочки носить.

Не учи отца е…ться.

Единомышленник

Больше всего
единомышленников у дураков.

Еж

Еж — птица гордая.
Пока не пнешь — не полетит.

Ездец

Сюда я больше не ездец.

Елка

Елки приходят и уходят,
и только игрушки остаются.

Елозить

Сколько ни елозь,
а кончать надо.

Ельцин

Ельцин — это Брежнев сегодня.

Естественно

Что естественно,
то не без оргазма.

Есть

Есть много чего,
чего быть не должно.

Ешь — потей,
работай — мерзни.

Когда я кушаю,
я никого не слушаю.

Разве может надоесть мысль
о том, что надо есть?

Ехать

Ближе едешь —
— больше платишь.

Быстро поедешь —
— медленно понесут.

Лучше плохо ехать,
чем хорошо идти.

Тише будешь —
дальше уедешь.

Тише едешь —
— вообще не едешь.

Тише едешь —
дальше кукиш.

Тише едешь —
дольше будешь.

Тише едешь —
— меньше русский.

Тише едешь — не успеешь.

Тише едешь —
хрен получишь!

Тише едешь — шире морда.

Ж

Ж...а

Выше ж...ы не пер...шь.

Здравствуй, ж...а, Новый год.

Не ищи на ж...у приключений.

Шире ж...ы не пер...шь.

Жабры

Схватить за жабры
могут только того,
кто попался на удочку.

Жадность

Жадность фраера сгубила.

Жажда

Перед жаждой опохмелки все
проблемы станут мелки.

Жалеть

Лучше сделать и жалеть,
чем жалеть, что не сделал.

Жевать

Пожуем — увидим.

Желаемое

Не получить желаемое —
это иногда и есть везение.

Желание

Делай все по желанию,
тем более, если основным
из них является желание
ничего не делать.

Железо

Куй железо, как курица лапой.

Куй железо,
не отходя от кассы.

Куй железо, пока тебя
не заковали.

Желудок

Женщина, думающая,
что путь к сердцу мужчины
лежит через желудок,
метит слишком высоко.

Путь к сердцу мужчины
лежит через желудок.

Жена

Бывает, что у жены муж
умирает, а у вдовы живет.

Выслушай жену
и сделай наоборот.

Ветвистость рогов мужа
прямо пропорциональна
стройности ног жены.

Если муж не идет к жене,
то жена идет к Магомету.

Если жена держит мужа
в черном теле, значит,
ей нравятся негры.

Если на жену смотреть как на
друга, кто же будет рожать?

Если ты хочешь, чтобы
твоя жена тебе не изменяла,
не женись.

Если утром жена с вами
не разговаривает, значит,
пьянка удалась.

Как много жен чужих,
хороших.

Лучше жен могут быть
только жены.

Не верь жене и… тормозам.

Руки есть — жены не надо!

Сколько жену ни выбирай — все равно ошибешься.

У меня с моей женой обмен мнениями: прихожу со своим мнением, ухожу — с ее.

Чем бы с женой ни тешился, все в рот тянет.

Женитьба

Женитьба не лотерея. В лотерее у вас есть шанс.

Жениться

Женился сам — останови товарища.

Русские после первой
не женятся.

Женщина

Бегать за женщинами
никому не повредило —
опасно их поймать.

Голых женщин
много не бывает.

Если вечером женщина
отказывается от рюмки
и сигареты, значит, утром
ее родителей вызывали
в школу.

Если женщина не права,
то нужно извиниться
и замолчать.

Если женщина ночью
не назвала тебя нахалом,
значит, утром она назовет
тебя козлом.

Если у тебя нет женщины,
значит, у кого-то их две.

Женщин должен быть толстый
и белий, если очень толстый,
то можно и черный.

Женщина — это консервная
банка: открывает один,
а пользуются все.

Женщина всегда верит в то,
во что она хочет верить.

Женщина за рулем
как обезьяна с гранатой.

Женщина любит ласку,
а машина смазку.

Женщина любит ушами,
причем обоими.

Женщина мечты —
самый дорогой способ
исполнения желаний.

Женщина рассуждает
чувствами.

Женщина смотрится красивее,
когда она смотрится в зеркало.

Женщина уже много
тысячелетий живет рядом
с человеком, а ее повадки
так до конца и не изучены…

Женщина, если захочет,
забирает у мужчины все.
Даже фамилию.

Женщина из двух зол выбирает
умного, а мужчина — красивую.

Жизнь женщины — сплошные
полосы: то о'кей, то ОВ.

Женщину неопределенного
возраста часто выдает вес.

Женщины без мужского
общества блекнут, а мужчины
без женского — глупеют.

Женщины способны на все.
Мужчины — на все остальное.

Женщинами не рождаются —
ими становятся.

Злые женщины ставят
мужчинам шишки,
а добрые — рога.

Иногда, чтобы сделать
женщине приятное,
приходится с ней расстаться.

К одним женщинам нужен
подход с лаской, к другим —
с соболем или с норкой.

Какой несчастной чувствует
себя женщина, которую некому
довести до слез.

Курящая женщина кончает
раком, а некурящий мужчина
оттягивает свой конец.

Курица не птица —
женщина не человек.

Лучше женщина в кровати, чем мужик под ней.

Может ли женщина стать лебедем? Может. Если может раком, может и лебедем.

Не бывает страшных женщин, бывают трусливые мужчины.

Невменяемая женщина — женщина, которая в конце кричит: «Не в меня!»

Некрасивых женщин не бывает, а бывает мало водки.

Непреклонная женщина отвечает «нет» на предложение о браке до того, как окажется в постели, а непреклонный мужчина — после.

Нет ничего хуже,
чем обманывать женщину,
но нет ничего приятнее,
когда это получается.

Ничто не украшает женщину
так, как уродство ее подруг.

Недостаточную глубину мысли
женщина восполняет
иными глубинами.

От женщины никогда
не знаешь, что ожидать —
девочку или мальчика.

Привлекательные женщины
отвлекают.

С женщинами — комедия,
без женщин — трагедия.

Сделать женщину счастливой
очень легко.
Только очень дорого…

Самая везучая в мире
женщина — русская:
она все везет на себе.

Сила женщины в ее слабости.
Особенно если она
слаба на передок.

Тост про женщин:
«Не так хорошо с вами,
как плохо без вас».

У красивых женщин
всегда одним аргументом
в их пользу больше.

Чем больше женщине
мы меньше, тем чаще
женщина не нам.

Чем больше женщину
мы любим, тем меньше
денег в кошельке.

Чем больше женщину
мы меньше, тем меньше
больше мы ее.

Чем меньше женщину
мы любим, тем больше
устает рука.

Чем у женщины больше
косметики на лице,
тем неоднозначней был
ее вчерашний вечер.

Что у мужика на уме,
то у женщины везде.

Я женщина честная,
поэтому и дорогая.

Жест

Мальчик объяснил жестами,
что его зовут Хуан.

Живот

Всегда под рукой
только живот.

Жизнь как у арбуза:
живот растет, а конец сохнет.

Жидкость

Жидкость, погруженная
в тело, через семь лет
пойдет в школу.

Жизнь

Бывают в жизни огорченья…

В жизни всегда есть место поводу.

В жизни всякое бывает,
но с годами все реже.

Вся жизнь впереди —
разденься и жди.

В жизни есть две трагедии.
Первая — это не осуществить свою мечту.
Вторая — осуществить ее.

Жизнь бьет ключом
и все по голове.

Жизнь так коротка, что едва успеваешь ее испортить.

Жизнь невозможно повернуть на зад, да и зачем она там.

Жизнь прожить —
не два пальца обоссать.

Жизнь надо прожить так,
чтоб другим не повадно было!

Жизнь нужно прожить там,
чтобы не было мучительно
больно.

Жизнь — дерьмо,
а потом ты умираешь.

Жизнь — словно
замкнутый круг:
живешь — выпить хочется,
выпил — жить хочется.

Жизнь — это кросс, в котором
каждый стремится вырваться
вперед, чтобы прийти
к финишу последним.

Жизнь как «русские горки»:
закроешь глаза — страшно,
откроешь — тошно.

Жизнь — курятник… Клюй
ближнего! Сри на нижнего!
И лезь вверх!

Жизнь вынуждает нас многие
вещи делать добровольно.

Жизнь не сахар. А так хочется
сладенького…

Жизнь проста, когда над ней
не задумываешься.

Если в жизни случаются
неприятности, значит,
это кому-нибудь нужно.

Если жизнь протекает хорошо,
значит, она дала трещину.

«И жизнь хороша, и жить хорошо!» — сказала бабушка, вылезая из мусорного ящика.

Молодость дается лишь раз. Потом для глупостей можно подыскивать какое-нибудь другое оправдание.

Надо прожить жизнь так, чтобы больше не хотелось.

Не жалуйся на жизнь, могло не быть и этого.

Поцелуй продлевает жизнь. Давайте жить долго!

Радуйся жизни, пока жив, ибо мертвым ты будешь долго.

18 лет бывает раз в жизни! А 81 и того реже…

Я люблю тебя, жизнь.
Ну а ты меня снова и снова…

Жить

Весело жить не запретишь,
но можно сделать так,
что смеяться не захочется.

Жить надо так, чтобы,
оглянувшись, увидеть
за собой гору пустых бутылок,
и каждый встречный ребенок
говорил тебе:
«Здравствуй, папа!»

Жить хорошо, а хорошо жить
еще лучше.

Не жили хорошо —
и незачем начинать.

Противно не то,
что хреново живешь, а то,
что другие живут лучше.

Хочешь жить — умей вертеться.

Хорошо живет тот, кто живет
всем телом.

Хочешь, чтоб жить стало легче?
Облегчись!

З

Забеременеть

С кем поведешься —
от того и забеременеешь.

Заболеть

Отчего заболел, тем и лечись.

Забыть

Я вас могу забыть,
хотя пока стесняюсь.

Завидки

Берут завидки на чужие
пожитки.

Завтра

Завтра будет лучше,
чем послезавтра.

Не откладывай на завтра то,
что вообще делать не надо.

Не откладывай на завтра то,
что можно сделать послезавтра.

Не откладывай на завтра ту,
которую можешь уже сегодня!

Не откладывай на завтра то,
что можешь отложить сегодня.

Не откладывай на завтра то,
что можно стырить сегодня.

Завтрак

Завтрак съешь сам,
а рагу отдай врагу.

Зад

В заду дыханье сперло.

Мойте руки, перед… и зад!

Задница

В заднице дыханье сперло…

У красивых задница гораздо
шустрее, чем мозги.

Закон

Закон — тайга,
медведь — хозяин.

Закон что дышло: куда
повернул, туда и вышло.

Не знаешь закона Ома,
сиди дома.

Незнание закона
не освобождает
от безответственности.

Следуя закону бутерброда,
можно сделать вывод,
что если бутерброд намазать
маслом с двух сторон,
то он повиснет в воздухе.

Закончить

Раньше начнем —
позже закончим!

Залететь

С кем поведешься,
от того и залетишь.

Замуж

Замуж выйти не напасть —
замужем бы не пропасть.

Зануда

Зануда — это человек,
у которого спрашиваешь:
«Как твои дела?» —
и он начинает рассказывать,
как его дела.

Запас

Запас в ж…у не е…т.

Запас пить-есть не просит:
монах хоть не е…т,
а х… в запасе носит.

Зарабатывать

Чтобы мало зарабатывать,
надо много учиться.

Зараза

Зараза к заразе не пристает.

Если ты поср…л, зараза,
дерни ручку унитаза.

Заразиться

С кем поведешься,
от того и заразишься.

Зарплата

Если вы довольны зарплатой,
то у вас плохо с фантазией.

Чтоб ты жил
на одну зарплату!

Зачатие

Даже беспорочное зачатие
все-таки остается зачатием.

Заяц

За двумя зайцами погонишься,
третьего не поймаешь.

За двумя зайцами погонишься — от обоих по морде получишь.

За двумя зайцами погонишься — лесник морду набьет.

Звезда

Выше только звезды, круче только яйца…

Зверь

На бабца и зверь бежит.

Здоровый

Если хочешь, будь здоров.

Здоровье

Было бы здоровье,
а дней впереди много.

Здоровье в порядке —
спасибо мулатке!

Темнота — залог здоровья.

Чем больше здоровья,
тем труднее его спрятать.

Земля

Земля шлюхами полнится.

С родной земли —
с ума не сходи.

Зеркало

А зеркало с утра опять
с похмелья!

Надпись на зеркале:
«Другие не лучше».

Не пеняй на зеркало,
пока не перепрыгнешь.

Нечего зеркало пинать,
коли рожа крива.

Зина

Сколько Лен, столько Зин.

Зло

Из двух зол выбираешь — оба.

Из двух зол я выбираю то, которое раньше не пробовал.

Злоупотребление

Перед злоупотреблением охладить.

Знание

Знание — силос.

Знание закона не освобождает от безответственности.

Знать

Меньше знаем, крепче спим.

Не знаешь — молчи!
Знаешь — помалкивай!

Знающий

Знающие не говорят,
говорящие не знают.

Золотник

Мал золотник, да взять негде.

Мал золотник до дырок.

Золото

Не все золото!

Не все золото, что за него выдают.

Не все то золото, что молчит.

Зомби

А зомби здесь тихие.

Зоопарк

В зоопарке зверей не кормить!
Лучше покормите сторожа.

Зуб

Из наблюдений над российской действительностью: улыбаясь, вы делаете свои зубы беззащитными.

Трудно собирать выбитые зубы сломанными руками.

И

Игра

Любимой игры должно быть много.

Стоит овчинка выделки
и игра свеч.

Идея

Сколько прекрасных идей
теряется в лабиринтах
извилин…

Идиот

Идиот — член большого
и могучего племени,
чье влияние на историю
было определяющим.

Идти

Лучше плохо идти,
чем хорошо лететь.

Изба

Красна изба не кутежами,
а своевременными платежами.

Избушка

Избушка-избушка, повернись
к лесу передом, ко мне задом
и немножко наклонись.

Извращение

Есть только два вида
извращения — это хоккей
на траве и балет на льду.

Изменить

Когда мы слишком многое
хотим изменить, мы слишком
многому изменяем.

Илья Муромец

Три дня и три ночи скакал
Илья Муромец, пока
скакалку не отобрали.

Иметь

Много имеет не тот,
кто много получает, а тот,
кто мало тратит.

Индеец

Плох тот индеец, который
не мечтает стать мертвым.

Индюк

Индюк тоже думал,
пока петухом не стал.

Индюк тоже думал,
что купается, пока
вода не закипела.

Инициатива

Инициатива наказуема
исполнением.

Иной

Иных уж нет, а тех долечат.

Институт

Если вас приняли в институт
без экзаменов, значит,
это институт Склифосовского.

Интеллект

Чем выше интеллект,
тем ниже поцелуи.

Интеллектуал

Интеллектуал — человек, слишком умный, чтобы помнить простейшие вещи.

Интеллигенция

Интеллигенция — это слой, который предохраняет от хамства.

Искать

Кто ищет, тот всегда найдет и выпьет.

Искусство

Больше всего жертв требует военное искусство.

Искусство требует жертв,
и с каждым днем их
становится все больше.

Истина

Когда все время споришь
с самим собой, истина
рождается от другого.

Историк

Историк — это фантаст,
описывающий прошлое.

История

Историю дешевле хранить
в развалинах.

Пока общество больно, история
страны так и останется
историей болезни.

Итог

По итогам одной пьянки:
как мало выпито,
как много пережито!

К

Кабинет

Уединившись в тиши
кабинета, можно поймать
себя на мысли.

Каждый

Каждому свое: миру — мир,
голому — рубашка.

Своему — каждое.

Казак

Терпи, казак, с автоматом будешь.

Казаться

Если тебе вдруг кажется, что все посходили с ума, иди к психиатру.

Кайф

Не пойман — не кайф.

Каканье

Не нытьем, так каканьем!

Кал

Что ты сегодня завтракал, нам покажет завтра кал.

Калач

Не плачь, дам тебе калач:
медом помажу, тебе покажу,
а сам съем.

Не плачь, я куплю тебе калач.
А будешь плакать —
я куплю тебе лапоть.

Камасутра

Библия учит нас, как любить
ближнего, «Камасутра»
объясняет, как именно.

Камень

Под лежачий камень
мы всегда успеем.

Сбрасывая камень с души, соблюдайте технику безопасности.

Кандидат

Ученым можешь ты не быть, но кандидатом быть обязан.

Капля

Капля никотина убивает лошадь, а хомячка разрывает на куски.

Капля никотина убивает лошадь, а капля Fairy убивает жирную лошадь.

Капустин

Не ссы, Капустин, отъе…м и отпустим.

Каравай

На чужой каравай где сядешь,
там и слезешь.

На чужой каравай семеро
одного не ждут.

Карате

Чем большое карате,
лучше маленький ТТ.

Карлсон

Не так страшен Карлсон,
как его пропеллер.

Карман

Лазить по чужим карманам
неприлично, но интересно!

Кататься

Любишь кататься,
купи проездной.

Любишь кататься,
ну и катись себе на фиг.

Любишь на «Запорожце»
кататься, люби
и «Мерседесы» чинить.

Каша

Без труда и кашу маслом
не испортишь.

Кашей х… не накормишь.

Кашлять

Кашляй потоньше,
протянешь дольше.

Квалификация

Ничто так не улучшает квалификацию водителя, как едущая за ним милицейская машина.

Квартира

Держи квартиру в тепле, а окна — в силиконе.

Кесарь

Кесареву кесарево, самураю — харакири.

Киев

Автопилот до Киева доведет.

Киллер

Самый важный выбор в жизни
для киллера — выбор цели.

Кихот

На всякий ветряк найдется
свой Дон Кихот.

Кишка

Кишка тонка, зато она прямая!

Кишка тонка и танки
наши быстры!

Клетка

Мозговые клетки рождаются
и отмирают, но жировые клетки
живут вечно.

Клизма

Все живые организмы имеют дырочку для клизмы.

Каждая пипетка мечтает стать клизмой.

Место клизмы изменить нельзя.

Клин

Клин Биллом вышибают.

Клитор

Чем клитор похож на КГБ? Одно неверное движение языком, и ты в ж…е!

Язык до клитора доведет.

Книга

Сколько книг ни читай,
а императором не станешь.

Кнут

Ничто так не облегчает
политики кнута, как пряник.

Коза

Терпи, коза,
а то мамой будешь.

Козел

Береги честь смолоду —
полюбишь и козла!

Козлить

Семеро одного козлят.

Кокотка

От кокетки до кокотки
один шаг, и то короткий.

Кол

Не руби кол, на котором
сидишь.

Колбаса

Самая лучшая рыба —
это колбаса.
А самая лучшая колбаса —
это чулок с деньгами.

Колготки

А я милого узнаю
по колготкам.

Коли

Неча на рожу пенять,
коли семь пядей во лбу!

Количество

Количество переходит
в стукачество.

Коллектив

Если ты плюнешь на коллектив,
коллектив утрется.

Не отрывайся от коллектива,
а то коллектив оторвется
на тебе.

Колодец

Не пей из колодца —
пригодится плюнуть.

Не плюй в колодец:
вылетит — не поймаешь.

Не плюй в колодец:
вылезут — не убежишь.

Не плюй в колодец:
сам туда попадешь.

Колокол

Хороший колокол далеко
слышен. Плохой — еще дальше.

Колумб

Один Колумб хорошо,
а два лучше.

Колхоз

Колхоз пашет,
а лодырь руками машет.

Колымить

Лучше колымить в Гондурасе,
чем гондурасить на Колыме.

Командир

Командиров нам не надо,
командиром буду я.

Комар

Хочешь забыть о комарах —
встань на муравейник.

Коммунизм

Коммунизм — это Интернет
плюс сотовый телефон
в каждой телефонной будке.

Компания

Компания Аттика —
— мечта маразматика.

Комплимент

Если бы комплимент
был правдой, то это была бы
просто информация.

Компот

Кушай компот —
— жирный будешь.

Не ссы в компот!
Там повар ноги моет!

Компьютер

Если твой компьютер завис,
выдерни шнур, выдави стекло.

Компьютер что жена:
с ним и нае…шься,
он тебя и накормит!

Комсомолец

Чем больше выпьет
комсомолец, тем меньше
выпьет хулиган!

Конец

Все на свете имеет конец,
даже неприятности.
Это проявляется в том, что
на смену им приходят другие.

Концов счастливых не бывает.
Если счастливый —
это не конец.

Лучше ужасный конец,
чем ужас без конца.

Конопля

Конопля — это дерево,
просто ему расти не дают.

Молоко вдвойне вкусней,
если есть в нем конопля.

Конь

Дареного коня бороздой
не испортишь.

Дареному коню зубы
по осени считают.

Дареному коню на переправе
зубы не меряют.

Дареному коню палец
в рот не клади.

Меняют ли коней на переправе?

Пусть конь думает —
у него голова больше.

Корабль

Большому кораблю —
большая торпеда.

Большому кораблю дольше
тонуть.

Большому кораблю рот
радуется.

Крысы предупредили
капитана корабля,
что у них учебная тревога.

Корень

Ср… в корень!

Корова

Для того чтобы коровы
меньше ели и больше давали
молока, их надо меньше
кормить и больше доить.

Чья бы корова мычала,
а паршивая овца борозды
не испортит.

Кот

Настоящему коту
и в декабре март.

Не все коту Масленица,
что блестит!

Кошелек

Летающий кошелек
вызывает больший эффект,
чем летающая тарелка.

Кошка

Быстро только кошки родятся.

Знает кошка, чем «Вискас»
съела.

Не любите кошек? Вы просто
не умеете их готовить.

Край

Левый край — Краснодарский,
правый край — Красноярский.
У кого хороший зрения —
получай денежную премия.

Красивый

Милая, ты все красивей
и красивей с каждой рюмкой.

Не родись красивым,
а родись массивным.

Чтобы быть красивой,
достаточно быть любимой.

Красный

На красный ездит тот,
у кого много «зеленых».

Красота

Доказано: красота
не требует жертв.

Пока красота спасет мир,
уроды его погубят.

Краткость

Краткость — сестра таланта
и теща гонорара.

Крем

На кремы надейся,
а сам не плошай.

Крик

На крик души эхо
не откликается.

Последний крик моды —
крик мужа.

Критика

На критику снизу обычно
отвечают молчанием сверху.

Кроха

Кроха сын к отцу пришел
и сказала кроха: «Мазафака —
хорошо, фазафака — плохо».

Круговорот

Круговорот воды в природе
гарантирует: «Все, что мы пьем,
уже когда-то пили».

Крыша

Крыша есть — ума не надо.

Кто

Кто был никем, тот встанет
в семь, максимум в восемь.

Кто не с нами, тот под нами.

Кто последний, сам виноват.

Курение

Курение сокращает сигарету.

Курение — это смерть, смерть — это сон. Сон — это здоровье. Курите на здоровье.

О вреде курения пишут так много, что я решил бросить читать.

Курильщик

Девиз курильщиков: «У всех не перестреляете!»

Курить

Бросил курить сам, брось курить другому.

Курить вредно, пить противно,
а умирать здоровым — жалко.

Кури больше: партнер дуреет.

Курица

Курица не птица —
Польша не заграница.

Курица — это не птица,
курица — это еда такая.

Плоха та курица, которая
не мечтает стать павлином.

Курочка

Курочка по зернышку клюет,
а весь двор обосран.

Снесла курочка дедушке
яичко… напрочь.

Л

Ладан

Хоть ладаном подымить,
только бы деньгу добыть.

Лажаться

Не лажается тот,
кто не лабает.

Ларек

На каждый ларек
не накинешь платок.

Лебедь

Однажды лебедь раком щуку.

Не все то лебедь,
что над водой торчит.

Левак

Левак левака видит
издалека.

Лежать

Если вы можете лежать,
ни за что не держась, значит,
вы еще не пьяны.

Лежачий

Никогда не бей лежачего,
ведь он может встать.

Лезть

А лез такой загадочный,
а слез такой задумчивый.

Лекция

Лекция — не эрекция,
можно и пропустить.

Ленин

Давеча перечитывал Ленина.
Заснул на третьем «учиться».

Нет, Ленин прожил жизнь
не напрасно… А зря.

Я волком бы выгрыз лишь
только за то, что им
разговаривал Ленин.

Лень

Лень — двигатель прогресса.

Моется тот,
кому лень чесаться.

Лес

Детей бояться —
в лес не ходить.

Лес рубят, щепки идут в дело.

Чем больше дров,
тем меньше лес.

Чем дальше в лес,
тем больше дело мастера
боится.

Чем дальше в лес,
тем больше извращенцев.

Чем дальше в лес,
тем больше не надо.

Чем дальше в лес,
тем больше партизан.

Чем дальше в лес,
тем больше пригодится.

Чем дальше в лес,
тем глубже влез.

Чем дальше в лес,
тем злее партизаны.

Чем дальше в лес,
тем легче целиться в спину.

Чем дальше в лес,
тем меньше денег.

Чем дальше в лес,
тем своя рубаха ближе к телу.

Чем дальше в лес, тем
сложнее найти дорогу назад.

Чем дальше в лес,
тем толще оппозиция.

Чем дальше в лес,
тем фиг вернешься.

Чем дальше в лес,
тем шире ноги.

Шило не воробей,
в лес не убежит.

Лесбиянка

Что у пьяного на уме,
то у лесбиянки на языке.

Летать

Зачем напиваться и ездить,
если можно покурить и летать!

Лето

Лето — это не когда тепло,
лето — это когда есть деньги.

Эх, бабье лето:
какие бабы, такое и лето.

Лечить

Век живем, век лечим.

Лечиться

Век живи — век лечись.

Липа

Липа — это сосна, внесенная
в отчет как дуб.

Личность

Если ты личность,
покажи удостоверение.

Лишнее

Все лишнее — детям!

С кем поведешься,
от того и третий лишний.

Лодка

Трое в лодке,
не стесняясь собаки.

Ложка

Бочка черной неблагодарности
с ма-а-аленькой ложкой меда.

Один с ложкой, семеро
с вилкой.

Локоть

Близок локоть, да не коленка.

Лом

Лом костей не парит!

Против лома нет приема, окромя другого лома.

Лопата

Была бы деньга, лопата найдется.

Лопатка

Сапер от лопатки далеко не падает.

Лорен

Ешь морковку, картошку и хрен — будешь как Софи Лорен!

Лось

Не всякий лось перекусит рельс.

Лотерея

Лотерея — налог людей, которые не сильны в математике.

Лох

Не поминайте лохом.

Скупой платит дважды.
Тупой платит трижды.
Лох платит постоянно.

Лошадь

Дорога лошадь к обеду.

Лужа

Не в свою лужу не садись.

Луна

Проклятая луна!
Ничто под ней не вечно!

Лыжи

Готовь лыжи летом,
а самогон втихаря.

Лысина

Не все то лысина, что блестит.

У каждого человека есть лысина, но у многих она покрыта волосами.

Лысый

Лысые во всем
винят рыжих.

Любить

Не отвлекаются, любя.

Я вас любил, деревья гнулись.

Я вас любил. Еще?
Быть может.

Я вас любил… И все…
И хватит.

Любовь

Была бы рожица —
любовь приложится.

Заниматься любовью
в презервативе все равно
что есть шоколадные конфеты
с фантиками.

Лучше всего любовь
сохраняется на фотографии.

Любовь — единственная
страсть, оплачиваемая
той же монетой,
которую сама чеканит.

Любовь — это вам не просто
так, ею надо заниматься!

Любовь — это рыбалка:
не клюет — сматывай удочки!

Любовь — это чувство,
при котором даже лягушка
кажется царевной.

Любовь к теще измеряется километрами.

Любовь приходит и уходит, а кушать хочется всегда.

Любви все возрасты по барабану.

Любви все плоскости покорны.

Любовь зла —
не всякого козла полюбишь.

Любовь зла, а козлы этим пользуются.

Любовь зла, уснул и уползла.

Любовь начинается идеалом, а кончается одеялом.

Поскольку любовь окрыляет,
возможны перелеты.

От любви до ненависти —
один раз.

Прошла любовь,
завяли помидоры.

Порой и на крыльях любви
можно залететь.

Любопытство

Любопытство не порок,
а путь к онанизму.

Люди

И ограниченные люди могут
иметь неограниченные
возможности.

Кое-кто хочет донести людям правду всеми правдами и неправдами.

Невыносимых людей нет — есть узкие двери.

Людоед

Кредо людоеда: если хочешь быть здоров — ешь на завтрак докторов.

М

Мазут

Не мазутом единым.

Макашов

Даже Макашов немного
Альберт.

Мало

Лучше скажи мало, но хорошо.

Чем меньше нас,
тем больше нам.

Малолетка

За одну малолетку дают
две пятилетки.

Мальчик

Лучше у мальчика с «пальчик»,
чем у мужичка с «ноготок».

Мальчик с пальчик вырос
и стал ж…ой с ручкой!

Малюта

Не так страшен Скуратов,
как его малюты.

Маникюр

Маникюр — медикам,
педикюр — педикам.

Маразм

Посредством маразма
дойдем до оргазма.

Масло

На халяву и «Рама» —
сливочное масло.

Сала маслом не испортишь.

Мастер

Дева мастера боится.

Тело мастера боится.

Масяня

Своя Масяня ближе к телу.

Мат

Мы матом не ругаемся,
мы на нем разговариваем.

Материя

Материя не исчезает,
она только переходит
из одних рук в другие.

Матушка

Матушка-лень зовет!

Мать

Кузькина мать зовет.

На позицию — девушка,
а с позиции — мать.

Маша

Машу в ванне не испортишь.

Машу сексом не испортишь.

Хороша Маша, да не наша.

Машина

Любишь кататься —
купи машину.

Машина любит ласку,
чистоту и смазку.

Машка

Без рубашки ближе к Машке.

У всякой Машки
свои замашки.

Мгновенье

Мгновенье! Безобразно ты!
Не продлевайся!

Остановись, мгновенье, —
ты пропало.

Медведь

И медведь шутил,
когда человек блудил.

Медик

Медик — это тот, чья задача не допустить, чтобы люди умирали естественной смертью.

Медицина

Если человек по-настоящему хочет жить, медицина бессильна.

Мейсон

Что позволено Мейсону…

Мент

Плох тот мент, который до столба не дое…тся!

Счастливые ментов не замечают.

Мера

Каждый заблуждается в меру своей испорченности.

Каждый испорчен в меру своих потребностей.

Надо знать свою меру, иначе можно выпить меньше.

Чем лучше знаешь свою меру, тем труднее ее соблюдать.

Мертвый

Лучше быть пять минут трусом, чем всю жизнь мертвым.

Мертвые не потеют.

С миру по нитке — мертвому припарка.

Место

Иногда бывает, что интимное место становится местом общественного пользования.

Свято место с бюстом не бывает.

Месть

Месть сладка и бескалорийна!

Металлист

Металлистам нечего терять, кроме своих цепей.

Металлург

Металлурги! Ваша сила в плавках!

Меч

Кто с мечом к нам придет,
тот здесь и останется.

Кто с мечом к нам придет,
тот с мечом и уйдет.

Мечта

Мечта идиота обычно
выглядит как жена соседа.

Мечтать

И последняя сволочь
мечтает стать первой.

Теперь каждая сотрудница
мечтает побывать
на ковре у шефа.

Микросхемы

Советские микросхемы — самые большие микросхемы в мире.

Милиционер

Милиционерам выдали автоматы, чтобы у них не отняли пистолеты.

Милиция

Мусоропровод — внутренняя связь в милиции.

Чаще всего в милицию попадают милиционеры.

Миллион

Воровать — так миллион,
целовать — так королеву.

Воровать — так миллион
целовать.

Милый

Милые бранятся —
только чешутся.

Насильно милую не будешь.

С милым Райка в шалаше.

Минет

Нет повести печальнее
на свете, чем повесть
о минете в туалете.

Рожденный раком,
минет не может.

Минута

Берегите каждую
потерянную минуту.

Длительность минуты зависит
от того, с какой стороны
туалетной двери вы находитесь.

Мир

В мире нет вечных двигателей,
зато полно вечных тормозов.

Каждому свое — миру — мир,
голому — рубашка.

Не мир тесен,
а прослойка тонка.

С миру по винтику.

С миру по нитке —
— голому веревка.

С миру по нитке —
голому петля.

С миру по нитке —
пожарным костюм.

С нищего по нитке —
миру на рубаху.

Митя

Митя идет на митинг,
а Петя идет на петтинг.

Мишка

Мишка, Мишка,
где твоя сберкнижка?

Оторвали Мишке нос,
чтоб не пыхал дихлофос.

Много

Много будешь говорить —
много будешь получать.

Чем больше вас меньше,
тем больше нам лучше.

Мобильный

Не имей мобильный,
а имей рабочий.

Мозг

Были б мозги — получил бы
сотрясение.

Мозоль

Зачем же наступать
на больную мозоль?
Мало, что ли, здоровых?

Молодой

Если хочешь выглядеть
молодой и стройной,
держись поближе
к старым и толстым.

Только совсем молодые
видят жизнь впереди,
и только совсем старые
видят жизнь позади;
остальные так заняты жизнью,
что не видят ничего.

Молодость

В молодости впереди видишь
бесконечное будущее,
а в старости вспоминаешь
короткое прошлое.

Молодость дается лишь раз.
Потом для глупостей нужно
подыскивать какое-нибудь
другое оправдание.

Молоко

Если на ночь пить молоко
с огурцами, то ваша финская
сантехника быстрее окупится.

Молоко вдвойне смешней,
если после огурцов.

Обжегшись на молоке,
на бензин дуем.

Молчание

Кто все время окутывается
молчанием, остается голым.

Молчание — золото. Будешь
много молчать — ограбят.

Молчать

Лучше молчать и слыть
идиотом, чем заговорить
и развеять сомнения.

Монастырь

В женский монастырь
со своим уставшим не ходят.

В чужой женский монастырь
со своим х…м не ходят.

Моника

Лучше один раз Монику,
чем каждый день страну.

Скажи, как ты относишься
к Монике, и я скажу, кто ты.

Мопассан

«Ближе к телу», —
как говорил Ги де Мопассан.

Морг

Табличка при входе в морг:
«Потусторонним вход
воспрещен».

Морда

Если очень захотеть,
можно в морду получить.

Чем шире наши морды,
тем теснее наши ряды.

Морковь

Морковь, безусловно,
очень полезна для глаз.
Вы когда-нибудь видели
зайца в очках?

Мороз

Не всяк мужчина с красным
носом — Дед Мороз.

Москва

Беда Москвы в том,
что со всех сторон она
окружена Россией.

В Москве хорошо,
а дома лучше.

Мост

Не сжигайте мосты
перед собой.

Мочь

Кто может — работает.
Кто не может — руководит.
Кто не может руководить —
учит.

Мстить

Я мстю, и мстя моя страшна!

Мудрец

На всякого мудреца довольно
9 граммов свинца.

Мудрить

Не мудри: выше х...
не подскочишь.

Мудро

Как мудро тот на свете
поступает, кто не берет свое,
а уступает!

Кто ходит в гости по утрам,
тот поступает мудро:
то тут 100 грамм,
то там 100 грамм,
на то оно и утро.

Мудрость

Старая российская мудрость:
пришел март — жди апреля.

Муж

Верные мужья обычно верны
и своим любовницам.

Муж — голова, жена — шея.

Муж и жена —
— энергетика одна.

Ни один муж не выполнил
всех обещаний,
данных перед свадьбой,
а политик — перед выборами.

Мужик

Какая разница
между мужиком и мужчиной?
От мужика пахнет мужиками,
а от мужчины — женщинами.

У палки два конца.
У мужика — один, зато какой!

Мужчина

Бог дал мужчине две головы,
но крови так мало, что думать
ими можно только
по отдельности.

Все мужчины хотят
только одного.

Как бы плохо мужчины
ни думали о женщинах,
они о них думают, думают…

Лучше сделать счастливыми
многих мужчин, чем сделать
несчастным одного.

Мужчина без жены как рыба
без велосипеда.

Мужчина всегда уступит место женщине, если ему выходить на следующей остановке.

Мужчина долго находится под впечатлением, которое произвел на женщину.

Мужчина должен быть небрит, вонюч и слегка пьян.

Мужчина должен иметь голову, а женщина — заставить ее потерять.

Мужчина как банный лист: сначала он к женщине пристает, а потом смывается.

Мужчина выпил столько, на сколько он выглядит.

Мужчина любит глазами,
а женщина ушами.

Мужчина работает сколько может, а женщина — сколько надо.

Мужчины больше обманывают, женщины лучше обманывают.

Мужчины за выпивкой беседуют либо о пользе порядка, либо о прелестях бардака.

Настоящего мужчину видно даже тогда, когда он голый.

Первым полетел мужчина,
а первой залетела женщина.

Путь к сердцу мужчины обычно лежит.

Усы делают мужчину старше, очки — мудрее, а отсутствие денег — сговорчивей.

Муха

Муха всегда на дерьмо садится.

Мучиться

Если долго мучиться, что-нибудь получится.

Мыло

Если детским мылом моют детей, то что моют хозяйственным?

С мылом рай и в шалаше.

Мысль

Мысли приходят с деньгами.

Плоские мысли удобны
при хранении
и транспортировке.

Умная мысль может прийти
и к дураку. Но с ее стороны
это будет глупостью.

Мысля

Умная мысля приходит опосля.

Мышеловка

Бесплатный секс бывает
только в мышеловке.

Халява бывает только
в мышеловке.

Мышка

Если у вас воняет под мышкой — смените коврик.

Слон — это та же мышка, но с операционной системой.

Мышь

Поймал мыша — ешь не спеша.

Мяч

Кто с мячом к нам придет, с тем в футбол и поиграем.

Н

Наглость

Наглость — второе счастье.

Наглость не порок,
а средство продвижения.

Нагота

Лучше поза, чем нагота.

Надежда

Надежда умирает последней,
первым умирает тот,
кто на ней.

Надеяться

Надейся на лучшее
и жди гадостей.

Наемник

Мы все привыкли
быть наемниками:
нас постоянно наемывают.

Наполеон

Каждый метит в Наполеона,
да не каждый попадает.

Напоследок

А напоследок я схожу.

Наркоман

Пословица наркомана:
«Сначала плановой,
потом игловой,
а потом и гробовой».

Народ

Больше народу — меньше кислороду. Меньше народу — больше кислороду.

Каждый народ имеет правительство, которое его потом имеет.

Народ безмолвствует все громче!

Насморк

Если насморк не лечить, то он пройдет за 7 дней, а если лечить, то за неделю.

Наташка

Своя Наташка ближе к телу.

Наука

Если наука победит алкоголизм, люди перестанут уважать друг друга.

Начальство

Начальство не опаздывает —
начальство задерживается.

Начать

Раньше начнем —
— позже закончим!

Небо

Хочешь небо отъе…ть,
научи свой х… летать.

Невозможно

Поскольку все равно
невозможно сделать все,
можно не делать ничего.

Негр

Дома негра и стены
ненавидят.

Ищи негра ночью!

Трудно найти негра
в темной комнате,
особенно если у него
выколоты глаза и выбиты зубы.

Недоесть

Лучше недоесть,
чем недоспать.

Лучше переспать,
чем недоесть.

Недокурить

Недокуришь как недое…шь.

Недостаток

Главный недостаток ума есть
его отсутствие.

Неимение

За неимением горничной
имеем дворника.

Нельзя

Если нельзя, но очень хочется,
то можно.

Если нельзя, но очень хочется,
то можно; если надо, но не
хочется, то необязательно.

Неразбериха

Неразбериха —
это скрытый порядок!

Нерешительность

Нерешительность —
это основа гибкости.

Нет

На нет ни туда нет,
ни сюда нет.

Неудачники

Неудачники рождаются
в рубашках наизнанку.

Никогда

Никогда не говори «никогда».

Ничто

Ничто — пустое место.

Нищета

Нищета наказуема
исполнением.

Новое

Все новое — это хорошо
одетое старое.

Нога

В ногах правды нет,
она где-то между ними.

В ногах правды нет.
А может, нет и выше.

Держи ноги в тепле,
голову в холоде, коня в узде,
а член в … правильно!

Длинные ноги не роскошь,
а средство продвижения
по служебной лестнице.

Когда хочешь идти в ногу,
часто приходится вступать
в дерьмо.

Ноги секретарши —
лицо фирмы.

Поговорка саперов:
«Одна нога здесь, другая там».

Те, кто хочет жить на широкую
ногу, должны помнить о тех,
у кого длинные руки.

Хорошо тому живется, у кого
одна нога. Ему пенсия дается,
и не надо сапога.

Любишь сидеть на шее,
раздвигай ноги.

Ножка

Своя ножка не тянет.

Нос

Не суй свой нос в чужое тело!

Не суй свой нос туда, куда
собака х… не совала.

Тому виднее, у кого х…
длиннее.

Хороший нос чувствует пьянку
за несколько дней.

Носорог

Носорог плохо видит, но при его весе это не его беда.

Ночь

Тиха украинская ночь,
но сало надо перепрятать.

Нудист

Не так страшен нудист,
как его зануда.

Нянька

У семи детей нянька без глаза.

У семи нянек надейся,
а сам не плошай.

У семи нянек
четырнадцать сисек.

О

Обед

Дорога к обеду ложка,
а к инфаркту — неотложка.

Нет ничего более неприятного,
как проспать обед.

Обертка

Если обертка пустая,
шоколад съели.

Обещанное

Обещанного три гада ждут.

Обещанного не всякий
добьется.

Обоср...ться

Лучше перебздеть,
чем обоср...ться.

Образование

Наше среднее образование —
самое среднее образование
в мире.

Овощ

Всякому овощу свой фрукт.

Овца

Одна овца дристливая —
все стадо передрищет.

Овчинка

Стоит ли овчинка выделки,
а игра свеч?

Огонь

Днем с огнем, ночью
с зонтиком.

Нет DOOM'а без огня.

Огурец

Огурец — в ж…е жилец.

Одежка

Встречают по одежке,
провожают — как могут.

По одежке встречают,
по уму прогоняют.

Одеяло

Одеяла и подружки
ждут ребят.

Одиночество

Одиночество — единственный
путь к независимости.

Хорошая вещь — одиночество.
Если есть кому сказать, что
одиночество — хорошая вещь.

Одиночка

Напиваться в одиночку —
лучший способ приблизить
собственную кончину.

Омут

В темном омуте черти водятся.

В тихом омуте черви водятся.

Онанизм

Солнце, воздух, онанизм
укрепляют организм,
сокращают вес людей
и расходы на б…дей.

Суходрочка и онанизм
укрепляют организм.

Опаздывать

Тех, кто опаздывает,
наказывает жизнь.

Оптимист

Оптимист — это мужчина,
сидящий в трамвае
и пытающийся познакомиться
со стоящей рядом блондинкой.

Опыт

Жизненный опыт —
— это когда количество ошибок
переходит в качество.

Опыт водкой не зальешь!

ОРТ

Впервые на ОРТ: полуфиналы
Пушкин — Дантес,
Лермонтов — Мартынов.

Осетр

Килька осетру не товарищ.

Оспа

Оспу телеграфному столбу
не привьешь.

Остаться

Как Ким ты был,
так Ким ты и остался!

Отец

Отцы, крепитесь, матери,
материтесь.

С кем поведешься,
тот и отец ребенка.

Отравление

Первый признак отравления —
посинение трупа.

Отчисление

Отчисление — мать учения.

Охота

Настоящая охота — это когда ему охота и ей охота.

Очки

Через темные очки проще выражать свои взгляды.

Чтобы носить очки, мало быть умным, надо еще плохо видеть.

Ошибаться

Не ошибается только тот, кто ошибается.

Не ошибается только тот, кто хочет выдать себя за умного.

Ошибка

На дебуггер надейся, а сам
ошибку в системе ищи.

На ошибках учатся.
После ошибок лечатся.

Чтобы извлекать уроки
из ошибок прошлого,
необходимо не путать
их с победами.

П

Памперсы

Любишь мочиться —
люби и памперсы носить.

Любишь пиво пить —
люби и памперсы носить.

Память

Все жалуются на свою память,
но никто не жалуется
на свой разум.

Паралич

Советский паралич —
самый прогрессивный в мире.

Папа

Кто последний, тот и папа.

Папуас

Папуас папуасу друг,
товарищ и корм.

Парашют

Отсутствие жалоб на качество парашютов еще не говорит об их безупречности.

Парень

Парни встречаются, парни влюбляются, женятся.

Партия

Партия сказала:
«Есть контакт!» —
будем есть контакт!

Партия была, есть и будет есть!

Пассажир

Контролер пассажиру не товарищ. Но и не враг.

Пассажир! Будь бдителен:
твой сосед может
оказаться контролером!

Патриот

Истинный патриот за отечество
и родины не пожалеет.

Первый

Между первой и второй
позабавимся рукой.

После первой не закусывают.

Перекурить

Перекурим — тачку смажем,
тачку смажем — перекурим.

Перо

Что написано пером,
не вырубишь ничем.

Перспектива

Чтобы узнать перспективу,
нужно ее пощупать.

Перхоть

Перхоть — это пыль
от спиленных рогов.

Песец

Песец подкрался незаметно.

Песня

Вам песня строить,
нам — жить помогает.

Слово из песни можно
и выкинуть.

Пессимист

В чем отличие пессимиста
от оптимиста?..
Пессимист говорит:
«Бутылка наполовину пустая».
Оптимист говорит:
«Бутылка наполовину полная».

Пестицид

Наши пестициды — самые
пестицидистые пестициды
в мире и никакие пестициды
не перепестицидят наши
пестициды по своей
пестицидности.

Петь

Бесплатно только птички поют.

Не умеешь петь — не пей.

Пешеход

Пешеход всегда прав,
пока жив.

Пешеходы делятся на две
категории: шустрые и мертвые.

Пи...а

Ни в п...у, ни в Красну армию.

П...а сдачи не дает.

Пиво

Большой живот не от пива,
а для пива!

Если тебя послали за пивом,
значит, тебе доверяют.

Кто пьет много пива,
тот писает криво.

Ничто так не согревает душу,
как холодное пиво.

Пейте пиво пенное —
будет морда здоровенная.

Пиво живот пучит
и пипиську мучит.

Пиво неотвратимо приводит
к концу.

Пивом не празднуют,
пивом живут!

Чем меньше пива,
тем третий лишний.

Пидмануть

Ты ж мене пидманула,
ты ж мене подмяла.

Пингвин

Глупый пингвин робко прячет,
хитрый — нагло достает.

Пистолет

Лишний рот хуже
пистолета.

Я пришел к тебе с приветом,
с утюгом и с пистолетом.

Питание

Раздельное питание по-восточному — это когда мужчины едят мясо отдельно от макарон, которые едят женщины.

Свежо питание,
да с…ся с трудом!

Пить

Не можешь пить — не пей.

Не пить так же здорово,
как и пить!

Пища

Тщательно пережевывая пищу,
ты помогаешь обществу.

Платить

Плати, не ломайся,
потом наслаждайся.

Плевать

Куда ни плюнь —
там ты сидишь.

Плюй на все —
не промахнешься.

Плейбой

Сегодня прочитал «Плейбой»,
а завтра не пошел в забой.

Плохо

Бывает не только плохо,
но и хуже… Но реже.

Не хотите по-плохому —
по-хорошему будет хуже.

Плюс

Последний плюс всегда
на могиле.

Победа

Победа над собой —
это победа или поражение?

Повеситься

Кому суждено повеситься,
тот не утонет.

Повестись

С кем поведешься,
на того и похожи дети.

С кем поведешься,
с тем и переспишь.

С кем поведешься,
с тем и наберешься.

С кем поведешься,
так тебе и надо.

Поворот

Один хороший поворот
приносит большую часть
одеяла.

Повторение

Повторение —
мать удовлетворения.

Погода

Нелетная погода —
алиби «Аэрофлота».

У природы нет плохой погоды,
в каждую погоду благо дать.

Подарок

Дорог не подарок.
Дорого внимание.

Подполковник

Подполковником быть хорошо,
а под генералом лучше.

Подруга

Не говори, подруга,
сама по пьянке замуж вышла.

Не говори, подруга,
у самой муж пьяница.

Поезд

Никакие поезда не перепоездят
по поездатости наши поезда.

Отечественные поезда —
самые поездатые поезда
в мире.

Поздно

Кто рано ложится, у того
поздно встает.

Лучше поздно, чем никому.

Поле

В чистом поле поезд мчится,
в поле мчится чисто поезд.

Один в поле хуже татарина.

Один в поле не трактор.

Политик

Политики и пеленки
имеют одно общее.
Их обоих нужно менять
по одной и той же причине.

Положение

Быть в глупом положении —
неудобно, а в неудобном —
глупо.

Положить

Где положишь, там
и потеряешь.

Поп

Каков поп, таков и приплод.

Попа

Замечено, что на женские попы
люди смотрят
с большим удовольствием,
чем на мужские лица.

Поп-певец

Самое удивительное
в поп-певцах, что ртом они
поют точно так же.

Попробовать

Одна попробовала —
семерых родила.

Попытка (попитка)

«Попитка не питка», — как говорил Лаврентий Павлович.

Пора

Однажды в студеную зимнюю пору смотрю — поднимается медленно…

Порно

Не порно, но задорно.

Породить

Чем я тебя породил,
тем я тебя и убью.

Порох

Есть еще порох в пороховницах,
ягоды в ягодицах и влага
не помню где.

Порядок

Лучший порядок — тот,
что на порядок выше.

Посеять

Что посеешь, потом фиг
найдешь.

Что посеешь, то и покуришь.

Что посеешь,
то уже не найдешь.

Последний

Кто последний, тот и вводит.

Кто последний, я за вами!

Посол

Посол Советского Союза —
лучший способ засолки
огурцов.

Поспеть

Кто поспел, того и съели.

Постоять

Готов постоять за других —
езди в автобусе.

Постоять за себя,
полежать за других.

Похвалить

Сам себя не похвалишь —
кто же тебя похвалит?

Сам себя утром не
похвалишь — весь день
ходишь как оплеванный.

Похер

Есть еще похер
в похеровницах!

Похмел

Неправильный похмел
приводит к запою.

Похмелье

Легко в веселье,
тяжело в похмелье.

Похмелье — штука тонкая.

Пощупать

Если приятно посмотреть
и есть за что, то почему бы
и не пощупать?

Поэт

Поэтом можешь ты не быть,
но педагогом быть обязан.

Сколько замечательных поэтов
среди тех, кто не пишет стихов.

Пояс

Ниже пояса не бьют.

Правда

В каждой истине есть доля правды.

Кое-кто хочет донести людям правду всеми правдами и неправдами.

Правда? Матка глаза колет?

Правительство

После того, что правительство сделало с народом, оно обязано на нем жениться.

Правительственный

Правительственная программа выпустила недопустимую операцию и будет закрыта.

Право

Если есть право,
должно быть и лево.

На птичьих правах далеко
не взлетишь.

Праздничный

Неизбежное продолжение
праздничного стола —
праздничный стул.

Предприниматель

Предприниматели всех стран,
налогооблажайтесь!

Предрассудок

Отбросим же предрассудки
в сторону. И одежду тоже.

Презерватив

Презерватив — символ молодости, а зубочистка — старости.

Президент

Выбранный президент обмену и возврату не подлежит.

Президентство

Президентство пуще неволи.

Прекрасно

Я все прекрасно понимаю. Кроме прекрасного.

Преступность

Что у нас хорошо организовано, так это преступность.

Прибор

Столовые приборы — самые точные приборы в мире!

Прибыль

Прибылью хвались,
а убыли берегись.

Прибыток

В прибытке нет предела.

Привет

Лети с приветом,
вернись умным.

Прийти

Пришел, воткнул и заразился.

Пришел, увидел, отойди —
дай другим посмотреть.

Приказ

Велик приказ, да мал
начальник.

Пока существуют те,
кто не задумываясь выполняет
приказы, всегда найдется тот,
кто не задумываясь
будет их отдавать.

Природа

Берегите природу, вашу мать.

Прицел

Прицел тоже является чьей-то точкой зрения.

Проблема

Если у вас нет проблем, значит, вы уже умерли.

Прогноз

Прогноз предполагает, а Бог располагает.

Проклятье

Вставай, проклятьем заклейменный, весь мир голодных и рабов! Кипит наш разум возмущенный, вареный мозг к еде готов.

Пролетарий

Пролетарии всех стран,
предохраняйтесь!

Пролетарии всех стран,
совокупляйтесь!

Простата

Простата хуже воровства.

Проститутка

«А вот хрен редьки не
слаще», — подумала
проститутка, кушая редьку.

Противник

Чтобы побеждать,
надо выбирать себе
правильного противника.

Пруд

Без пруда не вытащишь
и рыбки из него.

Без пруда не вытащишь рыбки
и с трудом.

Пруха

Пруха есть — ума не надо.

Птица

Видно птицу по помету.

Пук

Ни пука, ни пера!

Пуля

Пуля — дура! Штык —
молодец! А граната —
это полный п…ец!

Пуританизм

Пуританизм — навязчивое
чувство страха, что кому-то
где-то может быть хорошо.

Пчела

Лозунг у влета в улей:
«Каждой пчеле
по сотовому телефону!»

Пчелка

Жарить пчелку мало толку.

Пьянка

Если пьянка мешает работе,
брось работу.

Пьянствовать

Раздевай и пьянствуй!

Пядь

Семи пядей в лобке.

Р

Раб

Раб мечтает не о свободе,
а о своих рабах.

Работа

Большая работа начинается
с большого перекура.

Лучше спать на ходу,
чем идти во сне на работу.

От работы и кони дохнут.

Работа не волк,
а большое свинство!

Работа не волк, а произведение
силы на расстоянии.

Работа не волк, не кусается.

Работа не х…: как стояла,
так и будет стоять.

Работа не член: постоит.

Ты, работа, нас не бойся,
мы тебя не тронем.

Работать

Если хочешь поработать — ляг,
поспи, и все пройдет.

Кто не работает,
тот зарабатывает.

Кто тяжело работает,
тот тяжело отдыхает.

Поработал на совесть —
поработай на себя!

Раз

Лучше один раз откусить,
чем сто раз понюхать.

Лучше один раз увидеть,
чем сто раз услышать,
так как, услышав сто раз,
можно сойти с ума.

Лучше раз отрезать,
чем сто раз отмерить.

Несколько раз отмерь
и несколько раз отрежь.

Пять раз примерь,
один раз купи.

Семь раз обмерь, один объешь.

Семь раз отрежь,
семь раз выпей.

Семь раз отмерь,
один раз заешь.

Семь раз отпей,
один раз отъешь.

Семь раз подумай,
один — стреляй!

Разговор

Много разговоров —
много посуды.

Разрез

Разрез на юбке позволяет идти в ногу со временем.

Чем выше разрез на платье женщины, тем легче ей бежать от мужчины, но тем больше ему хочется бежать за ней. А чем глубже вырез на платье женщины, тем легче она дышит, но тяжелей — мужчина.

Разум

Нам разум дал стальные
руки-крюки!

Количество разума на Земле
постоянно, а население
увеличивается.

Рак

Раком не рождаются,
раком становятся!

Там, где раки только зимуют,
мы живем целый год.

Рамка

Не сужай рамки дозволенного:
можно дойти до точки.

Ребята

Главное, ребята, перцем
не стареть!

Ревматизм

В ревматизм и первую любовь
не верят до первого приступа.

Реклама

Реклама — двигатель культуры.

Своя реклама ближе к телу.

Рекорд

Рекорды скорости рождаются
в погоне за счастьем.

Речь

Русская речь без мата
превращается в доклад.

Решение

Отмена принятого решения
порождает панику в войсках.

Ринг

Ограниченное поле
деятельности — это ринг.

Рисковать

Кто не рискует, тот не пьет
шампанского. А кто рискует,
тот вообще ничего
спиртного не пьет.

Рог

В рогах правды нет.

Когда весна наступит —
рога сами отпадут.

Рога быстрее всего растут
на лысине.

Род

Для человеческого рода
главным является его
продолжение.

Родина

И Родина щедро поила меня
желудочным соком,
желудочным соком.

На родине хорошо,
а дома лучше.

У матери Родины долга рука
на ласку.

Родить

Родился сам —
— помоги другому.

Ты мне роди, а я перезвоню.

Родственник

Чем более вы богаты, тем
больше у вас родственников.

Чтоб к тебе на все лето
родственники приехали!

Рожа

И своей смешною рожей сам
себя я веселю.

Ну-ка, рожа, громче тресни!

Рожденный

На запах добычи слетелись
рожденные ползать.

Рожденный пить е…ть
не может.

Рожденный ползать летит
за деньги.

Рожденный ползать на голову
не нагадит.

Рожденный ползать!
Куда ты лезешь?

Роскошь

Роскошь — это всегда то,
что покупают другие.

Россия

В России две радости —
дураки и дороги. Без них
мы бы стали заурядной
европейской страной.

В России сейчас возможны
два варианта развития событий:
наихудший и маловероятный.

Как отвратительно в России
по утрам!

Приезжайте в Россию.
А не то Россия приедет к вам!

Судя по рекламе, в России три болезни: перхоть, кариес и менструация.

Россиянин

Для россиян более патриотичного поступка, чем распитие водки, не придумаешь.

Рот

Наберите в рот воды и полейте всех…

Что в рот, по лбу!

Роток

На худой конец не разевай роток!

На чужой роток не расплескай,
браток.

Рояль

Кто на рояли играет,
тот ее и носит.

Рубашка

Без рубашки ближе к телу.

Сними рубашку —
ближе к телу.

Рубль

Кто с рублем к нам придет,
от рубля и погибнет.

Не имей сто рублей,
а имей сто печатных станков.

Рубль лире не товарищ.

У кого рубль плачет,
а у нас копейка скачет.

Рука

Без тебя как без рук:
и плюнуть не на что.

Кто мыл руки с мылом,
тот пьет чай без сахара.

Правая Рука —
друг индейца.

Рука руку морит.

Само плывет в руки только то,
что не тонет.

Рукопись

Рукописи не горят,
особенно сырые.

Русский

Какой быстрый ездок
не любит «Русской»?

Только истинно русский
человек знает, чем
отличается еда от закуски.

Рыба

Рыба гниет с головы,
но чистят ее с хвоста.

Рыба ищет, где глубже,
а человек — где рыба.

Рыбак

Рыбак рыбака ненавидит издалека.

Рыбак рыбака ненавидит наверняка.

Рыбка

Давись, рыбка, большая и маленькая.

С

Самолет

Американские самолеты и российские ракеты просто созданы друг для друга.

Если не сядет самолет,
сядет техник.

Самообслуживание

Что такое самообслуживание?
Это когда сам шутишь
и сам смеешься.

Сапог

Сапоги надо чистить
с вечера и утром надевать их
на свежую голову.

Свадьба

До свадьбы поживем.

После свадьбы кулаками
не машут.

Свет

«Да будет свет!» — сказал монтер. И вставил х… в предохранитель.

Свет в конце туннеля — это всего лишь огни приближающегося поезда.

Света

Лампочка горела, но Света не давала.

Светофор

Не верь светофору, верь идущему на тебя транспорту.

Свинина

Чтобы свинина долго
оставалась свежей,
оставьте свинью живой.

Свинья

Гром не грянет —
— свинья не съест.

Посади свинью за стол,
она и ноги и автол.

Свинячий

Хоть свинячья,
лишь бы горячая.

Свистеть

Один свистал,
да рот п…ою стал.

Свобода

Свобода личности есть священное право каждого индивидуума продаваться как можно дороже.

Свой

Трудно стоять на своем — очень больно!

Связь

В порочащих связях был, но не замечен.

Сгрести

Кто кого сгреб,
тот того и у…б.

Себя

Если не можешь прийти в себя,
приди ко мне.

Убегая от себя, никому
не говори — куда.

Секс

Анальный секс — это то же
самое, что сходить в туалет
по-большому, только наоборот.

В сексе, как
и в автотранспорте, главное —
не жалеть денег на хорошую
импортную резинку.

Секс без дивчины —
— признак дурачины.

Чем дальше в лес,
тем больше секса.

Секс-бомба

Если есть секс-бомбы,
должны быть и секс-убежища.

Секс-бомбы в одну кровать
дважды не падают.

Секунда

Бывают такие секунды,
когда все решают минуты.
И длится это часами.

Село

Село у нас огромное:
четыре вытрезвителя.

Семеро

Семеро одного всегда найдут.

Семеро одного,
никого не поймаешь.

Семья

Семья заменяет все, поэтому,
прежде чем ее завести,
подумай, что дороже —
все или семья.

Сенька

По Сеньке клобук,
по дерьму — сахар.

Сердце

Берегите свое сердце, его
могут пересадить другим.

Если негде жить, живи
в сердцах людей.

Чем сильней горит сердце,
тем слабей варит котелок.

Сесть

Раньше сядешь, больше
выпьешь.

Сеять

Сейте разумное,
доброе вечером.

Сила

Одна лошадиная сила — это
мощность, которую развивает
лошадь ростом в один метр
и весом в один килограмм.

Силы нет — ума подавно.

Синица

Лучше иметь синицу в руках,
чем утку под кроватью.

Лучше синица в руках,
чем дятел в ж…е.

Лучше синица в руках,
чем на дереве.

Лучше синица,
чем цыпки на руках.

Сказать

Думаю, не ошибусь,
если ничего не скажу.

Что о тебе скажут другие, коли ты сам о себе ничего сказать не можешь?

Сказка

В каждой сказке есть доля правды.

Склероз

Склероз вылечить нельзя, зато о нем можно забыть.

Скорость

Больше скорость — меньше ям.

Скроенный

Неладно скроен, да крепко shit.

Скромность

Скромность украшает человека,
нескромность — женщину.

Скромность украшает человека,
но оставляет голодным.

Скупой

Город предупреждает:
скупой платит дважды.

Скучно

И скучно, и грустно,
и некому морду набить.

Слезы

Не верь девичьим слезам:
крокодилы тоже плачут.

Слово

В начале было слово,
а уже потом —
— отделение милиции.

Доброе слово и крокодилу
приятно.

Слово не воробей,
а последовательность
символов алфавита.

Слово не воробей: вылетит —
к вечеру напьешься.

Слово не воробей:
на голову не наср…т.

Слово не воробей:
упадет с воза —
не вырубишь и топором.

Чтобы слова не расходились
с делом, нужно молчать
и ничего не делать.

Сложно

Становится все сложнее
жить просто.

Слон

Если хочешь чего-то большого
и чистого — помой слона.

Случай

Случай, как и нога, никогда
не подворачивается вовремя.

Случайность

Случайность — внезапно
наступившая неизбежность.

Смех

Говорят, что смех продлевает жизнь того, кто смеется, очевидно, за счет жизни того, над кем.

Минута смеха добавляет год жизни. Условно!

Смех без причины — признак Даламбера!

Смех без причины — признак незаконченного высшего образования.

Смеяться

Сколько ни смейся, а кушать хочется.

Тот, кто смеется последним,
просто не врубился сразу.

Хорошо смеется тот,
вон тот и этот.

Хорошо смеется тот,
кто кончает последний.

Хорошо смеется тот,
кто смеется без последствий.

Хорошо смеется тот,
кто смеется на зачете.

Хорошо смеется тот,
кто смеется часто.

Хорошо смеется тот,
кто хорошо смеется.

Смысл

В смысле осмысления
бессмысленного смысл тоже
имеет определенную
осмысленность.

Ищу смысл в жизни.
Найду — перепрячу.
Без него жить проще.

Снегирь

Снегири не гири,
барсуки не суки!

Сникерс

Сникерс — съел
и полон орехов!

Снотворное

Не смешивай снотворное
с пургеном…

Собака

Бешеной собаке семь верст
не крюк.

Точно собака сереет,
да криво кладет.

Совесть

Если жить всегда так,
чтобы тебя не грызла совесть,
то она умрет с голоду.

Совесть — богатство,
а курсант всегда беден.

Чистая совесть свидетельствует
о начале склероза.

Совет

Свои советы залепи в газеты.

Солдат

Дайте солдату точку опоры,
и он уснет.

Какой солдат не мечтает
стать генералом?

Не ходил бы ты, Ванек,
по солдатам.

Плох тот солдат, который
не мечтает спать с генералом.

Солдатами не рождаются.

У плохого студента есть шанс стать хорошим солдатом.

Солнце

Не все то солнце, что встает!

Солнце — это то, что светит, когда нет луны.

Соломка

Если знать, где соломку стелить, логично не падать.

Знал бы, как низко придется пасть, соломки бы подстелил.

Сомбреро

Не по Хуану сомбреро.

Сорт

Третий сорт не брак.

Сосед

Говори громче, соседям интересно!

Имей хороших соседей — и не надо врагов.

Спасение

Спасение выпивающего — дело рук разливающего.

Спасение утопающих в мусоре — дело рук самих утопающих.

Спасибо

Из спасибо шапки
не сошьешь.

За спасибо — некрасиво,
надо денежки платить.

Спасибо в карман не положишь,
в стакан не нальешь.

Спасибо на хлеб не намажешь.

Спать

Спать или не спать?

Специалист

Специалист должен быть
хорошим или хорошеньким.

Спешка

Спешка нужна при ловле блох,
е…е чужой жены и когда
трое едят из одной миски.

Спирт

Если все же спирт замерзнет,
буду грызть его зубами,
потому что он хороший.

Спирт можно не любить,
но не пить его нельзя.

Спор

В спорах рождаются
папоротники.

Чем больше выигранных
споров, тем больше
потерянных друзей.

Спорт

Если с первого раза
не получилось,
парашютный спорт не для вас.

Способ

Лучший способ отметить
юбилей — поговорить
о недостатках.

Способность

Каждый живет по способности
выдумывать себе потребности.

От каждого по способностям,
каждому по непотребностям.

Справочник

Тот, кто лечится по медицинскому справочнику, рискует умереть от опечатки.

Спрашивать

Тебя не спрашивают, а ты не сплясывай.

Спрос

За спрос не бьют в нос.

Среда

Окружающая среда — это то, во что превращается природа, когда ее охраняет человек.

Средство

Лучшее средство
от головной боли —
гильотина.

По-прежнему лучшим
противозачаточным средством
является слово «нет».

Стакан

Быстро выпитый стакан
не считается налитым.

Старина

Решил тряхнуть стариной —
старина отвалилась.

Старость

В старости можно делать две вещи: писать мемуары и марать писсуар.

Старость не радость, маразм не оргазм.

Старт

Принимая низкий старт, убедитесь в том, что сзади никто не бежит с шестом.

Старуха

И у старухи найдется прореха!

Старший

Разговаривать со старшим по званию полагается молча!

Старшина

Бог создал сон и тишину,
а черт — подъем и старшину.

Стиморол

Стиморол — непоправимо
испорченный вкус.

Стипуха

Стипуха как месячные:
если она есть, то два-три дня,
а если нет, то значит,
вас кто-то крупно поимел.

Стих

Сначала им стихи читали,
а после все-таки…

Столб

Телеграфный столб никогда не поймет принцип действия телеграфа.

Столетний

Быстро ходи, медленно ешь и перевалишь столетний рубеж.

Столкнуться

Прежде чем столкнуться, многие шли друг другу навстречу.

Столовая

В столовой готовят пищу для жалоб.

Стопка

Стопка есть — ума не надо.

Стоять

Не стой где попало,
а то опять попадет.

У кого на что стоит,
тот о том и говорит.

Страна

Не ту страну назвали
Гондурасом.

Страсть

Порой страсть к деньгам
и драгоценностям
обезналичивает
истинные ценности.

Страус

Страус — продукт безбожного скрещивания воробья с жирафом.

Строитель

У строителей воздушных замков всегда хватает материала.

Студент

Стипендия студента тает в руках, а не во рту.

Черная рожа — студент из Гвинеи, красная рожа — студент во хмелю.

Стул

В здоровом теле —
здоровый стул.

Мягкий стул порой важнее
твердого диска.

Стучать

Лучше вовремя настучать,
чем потом перестукиваться.

Стыдно

Стыдно не у кого видно,
а у кого нечего показать.

Стыдно у кого видно.

Суд

На нет ни туда, ни суда нет.

Суд оправдал киллера, так как согласно алиби он в это же время был в другом месте и убивал другого человека.

Судьба

Одним судьба улыбается, другим гримасничает.

Сук

Надо пилить сук, на котором сидишь, пока ты на нем не висишь.

Не руби сук, на которых сидишь.

Султан

Если б я был султан, я б имел.

Сума

От сумы да жены
не зарекайся.

Существование

Влачить существование
лучше под гору.

Счастливый

Счастлив не тот, у кого много,
а тот, кому хватает.

Счастье

А счастье было так возможно…
И так возможно, и вот так…

Мужское счастье где-то
внутри женского.

Не было бы торфа,
да жара помогла.

Счастье есть.
И пить — тоже счастье.

Счастье есть,
оно не может не есть!

Счастье — это когда утром
очень хочется на работу,
а вечером домой.

Счастье пучит, беда крючит.

Улизнуть от счастья
невозможно.

Сыр

Если вы попали в мышеловку,
требуйте обещанный
бесплатный сыр.

Сытый

Сытый голодного не раз имеет.

Сытый конному не товарищ.

Т

Такт

Такт — это умение не говорить того, что думают все.

Талант

Богата зарытыми талантами земля наша!

Не так важно иметь талант, как его обнаружить.

Тамара

Мы с Тамарой ходим парой:
пароходы мы с Тамарой.

Тампакс

Дела как у «Тампакса»:
в приятном месте,
но в критический момент.

Танцор

В гаремах
нет плохих танцоров.

Даже хорошей танцовщице
порой мешает то, что мешает
плохому танцору.

Плохому танцору и яйца
мешают.

Что мешает танцору,
не мешает певцу.

Таракан

Даже из таракана можно
сделать изюминку.

ТАСС

ТАСС сообщает: согласно
китайской газете «Хуйвам
Хуйнам» два китайских
пограничника Синьхуй Вчай
и Вынь Сухим задержали двух
японских шпионов Сику и Каку.

ТАСС уполномочен промолчать.

Ташкент

Лучше маленький Ташкент,
чем большая Сибирь.

Тварь

Каждой твари — по харе!

Театр

Театр одного актера,
весь билет продан.

Телевидение

Телевидение — это кино,
которое сыграло в ящик.

Телескоп

В телескоп на Солнце
можно посмотреть всего
два раза в жизни.
Правым и левым глазом.

Телка

Жарить «телку» мало толку.

Тело

Лучше иметь тело, которые все хотят, чем хотеть тело, которое все имеют.

Тела притягиваются — и оттягиваются.

Темница

Темницы рухнут на светлицы.

Темнота

В темноте, да не в обиде.

Терпимость

Терпимость — малоприятное подозрение, что другие в конце концов могут быть правы.

Теснота

В тесноте, да не обедал.

Тесть

Берегись тестя с молотом.

Тетя

Здравствуйте.
Я вашу тетю…

Тети до 16 лет
не допускаются.

Техника

От несоблюдения техники
безопасности человек может
не только умереть,
но и родиться.

Современная техника облегчает
труд женщин и отдых мужчин.

Течь

Все течет, все из меня.

Тили-тили-тесто

Тили-тили-тесто —
два сапога пара.

То

То, чего не было,
было или будет.

Товарищ

Сам себя выручай,
а товарища нагибай.

Толстый

Пока толстый сохнет,
худой сдохнет.

Толстяк

Толстяки живут меньше.
Зато едят больше.

Толчок

Толчок цену покажет.

Тормозить

Не тормози — отдохни!

Не уверен — не тормози!

Тоска

Тоска — неясно сформулированная цель.

Тост

Короткий тост — первый шаг к длинному похмелью.

Точка

Дайте мне точку опоры, иначе я переверну землю!

Точка зрения зависит от точки сидения.

Точность

Точность — вежливость снайперов.

Тошно

Где тошно, там и рвет.

Кому тошно,
а кому и в попу можно.

Травка

Травки было предостаточно,
поэтому мы конкретно
травануlись!

Трамвай

Редкий трамвай доплывет
до середины Днепра.

Транспорт

Общественный транспорт
учит мужчину усидчивости,
а женщину устойчивости.

Ничто так не сближает людей,
как общественный транспорт.

Трах

Без траха и упека.

После траха глаза велики.

Трезвый

Трезвый — это хорошо
выспавшийся пьяный.

Что у трезвого на уме,
то у пьяного в животе.

Тренер

Спорить с тренером по борьбе
может только тренер
по стрельбе.

Третий

Третий не лишний:
он запасной.

Три

Нужно сразу брать три, чтоб
потом не бегать за второй!

Труд

Без труда и блоху не поймаешь.

Без труда не всунешь и туда.

Май и труд все перетрут.

Труд сделал из обезьяны человека, а из женщины — лошадь.

Труд сделал из обезьяны человека. Он может сделать и обратное.

Трудно

Трудно жить не работая, но мы не боимся трудностей.

Трус

Трус не играет в карты.

Трусы

Дурная голова трусам покоя не дает.

Лучше десять сантиметров
в трусах, чем полметра
в кустах.

Туалет

Выходя из туалета,
мы надеемся, что в нас еще
осталось что-то хорошее.

У

Уборка

Уборка по дому —
это способ ухаживания
за любимой женщиной.

Уверенность

Уверенность — чувство, которое у вас возникает перед тем, как вы осознали ситуацию.

Угол

Чем тупее угол зрения, тем шире кругозор.

Удар

Наклонись, чтоб не получить удар ниже пояса.

Удача

Удача похожа на кошку. Схватил ее за хвост, а она тебя обос...ла.

Удачно

Все, что удачно складывается,
кончается плачевно.

Улица

Блюют и на нашей улице
в праздник!

Будет и на нашей улице
публичный дом.

Если вы проснулись на улице,
значит, вы там заснули.

Ум

Думай, не думай,
ума не прибудет.

Один ум — хорошо,
два — лучше, а три —
палата номер шесть.

Силос есть — ума не надо.

Ум имей хоть маленький,
да свой.

Умереть

Для того чтобы умереть,
достаточно родиться.

Лучше умереть, когда хочется
жить, чем дожить до того,
когда захочется умереть.

Умнеть

Одни с годами умнеют,
другие — становятся старше.

Умный

Если ты умнее всех,
кто это поймет?

Умному никогда не скучно,
пока он способен на глупости.

Умные в споре выясняют
истину, глупые — кто умнее.

Университет

Мы в университетах
не кончали.

Унитаз

Из унитаза даже днем
видны звезды.

Упал

Упал — отжался...
Очнулся — гипс.

Успеть

Не спеши, а то успеешь!

Успех

Ничто не проходит так быстро, как успех.

Утро

Утро вечера бодунее.

Утро добрым не бывает.

Утюг

Утюг не так прост, как кажется.

Ухо

Хлопая ушами, летать
не научишься.

Учение

Годы учения прошли впустую,
если человек не понял,
что большинство учителей
идиоты.

Повторение — мать учения,
а заикание — отец.

Учение — свет, а неучение —
приятный полумрак.

Ученье — свет,
но без работы — тьма.

Учить

Не учи ученого,
съешь г… печеного.

Не учи меня жить,
лучше помоги материально.

Учиться

Век учись, а дураком умрешь.

Учиться, учиться и еще раз учиться, потому что работы вы все равно не найдете.

Чтобы мало зарабатывать, нужно много учиться.

Ф

Факт

Если всплывают факты,
то кто-то тонет.

Лучше факты, чем тебя.

Фамилия

Имея фамилию из одних шипящих, трудно рассчитывать на громкое имя.

Фантазия

Фантазия — сексуальная неудовлетворенность.

Фигура

Лучше иметь спортивную
фигуру, чем спортивное лицо.

Философия

Философия — друг
бездельника.

Фоменко

Лучше с Фоменко,
чем с Кириенко.

Форма

Чем приятнее формы,
тем безразличнее содержание.

Фото

Если вы выглядите, как ваше фото на загранпаспорте, вам, по всей вероятности, необходимо отдохнуть за границей.

Футболист

Мал футболист, да дорог!

Х

Х...

В чужих руках и х… толще.

Выше х… не прыгнешь.

Лучше х… в руке, чем п…а на горизонте.

На нет и х… нет.

Один х… хорошо, а два лучше.

Х… — железо, пока увлечен.

Хочешь пой, а хочешь куй,
все равно получишь х…

Х...ня

Все х…ня, кроме
мировой революции.

Х…ня — война,
главное — маневры.

Халява

На халяву и алебастр творог.

На халяву и водка слаще.

На халяву и Дед Мороз —
Снегурочка.

На халяву и пиво водка.

Ничто не дается нам так дорого и не ценится так дешево, как халява.

Характер

Сильные характеры отличаются друг от друга своими слабостями.

Чтобы сохранить ангельский характер, нужно дьявольское терпение.

Харя

Ну-ка, харя, громче тресни.

Хемингуэй

Как часто Хемингуэя
сокращают до трех букв.

Химия

Нам химия блондинок
подарила.

Хирург

Хирурги считают,
что внутренний мир человека
лучше всего раскрывается
на операционном столе.

Хобот

Хобот — это такая
продвинутая ноздря.

Хозяйство

Домашнее хозяйство
подобно кроссворду:
жена — по вертикали,
муж — по горизонтали.

Хорошее

Что бы сделать такого
хорошего, чтобы всем
было плохо?

Хорошо

Все хорошо, что хорошо
качается.

Не все хорошо, что плохо
кончается.

Там хорошо, где водки много.

Там хорошо, где никого нет.

Хорошо там, где нас есть.

Хотеть

Если хотите быть счастливым,
не женитесь до 70 лет.

Если хочешь быть счастливым
один день — напейся.

Много хотеть вредно.

Наркомания: хочешь жить —
умей лечиться.

Хотели как лучше,
а получилась девочка.

Хотеть не вредно,
вредно — не хотеть.

Хочешь жить, не ешь без хлеба.

Чего хочешь, того и попросишь.

Хотеться

Хотелось бы верить,
что будет хотеться дальше.

Что больше всего хочется,
когда поднимаешься наверх?
Плюнуть вниз.

Хохол

Хохол без лычки,
что п…а без затычки.

Хрен

Хрен редьке не керогаз.

Хрен редьке ни в зуб ногой.

Ц

Царица

Родила царица в ночь
Коле — сына, Толе — дочь.

Царь

Не свергайте царя в голове!

Целомудрие

Целомудрие — самое неестественное из всех сексуальных извращений.

Цель

Когда нет определенной цели, стреляют без промаха.

Цена

Недостаточно знать
себе цену, надо еще
пользоваться спросом.

Ценность

Реальная ценность индивидуума
определяется его рыночной
стоимостью, умноженной
на наглость за минусом
коэффициента молодости...
Опыт значения не имеет.

Церковь

Великое дело — церковь
сгорела! Кабаки горят —
и то ничего не говорят.

Цинизм

Цинизм принципов не влияет на парадоксальное явление иллюзий.

Цыпленок

Цыплят по осени считают. А гамадрилов по зиме.

Ч

Чай

А чай такой, что если бы не сахар…

Не пей слишком горячий чай: мочевой пузырь лопнет, ноги обожжешь.

Чай должен быть горячий
и крепкий, как первый
женский поцелуй.

Чайник

Именно чайники развивают
самую кипучую деятельность.

Часы

Советские часы — самые
быстрые часы в мире!

Стоит лишь раз завести часы,
как это придется делать
постоянно.

Человек

В человеке все должно быть.
Патологоанатом.

Если бы у человека были
крылья, они б ужасно мешали
ему ползать.

Трудно все время быть
человеком — люди мешают.

Хорошего человека много
не бывает.

Человек создан для счастья,
как птица для духовки.

Человек человеку друг,
товарищ и брат.
Ты понял, сволочь?

Человек был создан
в последний день творения,
когда Бог уже утомился.

Человека формирует не только среда, но и любой другой день недели.

Человек — это звучит гордо, но выглядит отвратительно.

Человеку много не надо.
Так думают предметы,
падающие вам на голову.

Человеку нужно не так уж много, но многим этого мало.

Человеку свойственно обжираться.

В человеке все взаимосвязано: из задницы волос выдернешь — из глаз слезы.

Человека можно полюбить после того, как хорошо узнаешь, а разлюбить — после того, как узнаешь слишком хорошо.

Чтобы сделать человека счастливым, надо у него все отнять, а потом немножко дать.

Я — человек! Я звучу гордо!

Челюсть

Береги челюсть смолоду.

Челюсть не воробей: вылетит — не поймаешь.

Черт

Не так страшен черт, как его малютка.

Не так страшен черт,
как корова на льду.

Честь

Береги честь смолоду,
коли рожа крива.

Уронив честь, не наклоняйся,
чтобы не потерять достоинство.

Число

Побеждают не числом,
а количеством!

Чистоплотность

Чистоплотность — это чисто
масса, еленная на чисто объем.

Чубить

Кто кого чубит,
тот того и любит.

Чук

Мы с тобой одной крови.
Чук и Гек.

Чук от Гека недалеко падает.

Чукча

Там, где раньше чукчи ср…ли,
мы проложили магистрали.

Чукча не читатель,
чукча — писатель.

Чупа-чупс

Чупа-чупс: мы научили мир сосать.

Ш

Шаг

Шаг влево, шаг вправо — сапоги сам будешь мыть!

Шампанское

Шампанское по-домашнему: водка под шипение жены.

Шанец

Есть шанец получить аванец.

Шанс

Есть шанс получить аванс.

Если вы упустили свой шанс, значит, он был не ваш.

Шеф

Улыбайтесь, шеф любит идиотов.

Шея

Гонят в шею обычно пинками под зад.

Шило

Шило в мешке ногам покоя не дает.

Шила в ж…е не утаишь.

Шкаф

Открывая шкаф, лучше все же сперва постучать.

Школа

Чем отличается школа от дурдома? Номером телефона.

Не выпьешь колу — не закончишь школу.

Шкура

Чем больше шкура неубитого медведя, тем больше шансов потерять свою.

Штанина

Я достаю из широких штанин,
и все возмущенно кричат:
«Гражданин!»

Нельзя в одну штанину
войти дважды.

Штаны

Как ср…ть —
так штаны снимать.

Пифагоровы штаны во все
стороны равны.

Штирлиц

Штирлиц был готов сдаться,
но немцы его опередили.

Шуруп

Лучше вбитый шуруп,
чем вкрученный гвоздь.

Шуруп, забитый молотком,
сидит лучше, чем гвоздь,
закрученный отверткой.

Шутка

В каждой газетной шутке
есть доля утки.

В каждой шутке
есть доля шутки.

Шутка, повторенная дважды,
становится понятнее.

Шутки шутками,
но могут быть и дети…

Щ

Щель

Щель оправдывает средства.

Щи

Не будь чем щи наливают,
особенно в количестве.

Э

Экзамен

Экзаменов не будет:
все билеты проданы.

Экипаж

Экипаж прощается с вами
и желает вам приятного полета.

Эротика

От эротики до порнухи —
один хер.

Эротика — это искусство,
порнография — это жизнь.

Ю

Юбка

Любая юбка лучше всего
смотрится на спинке стула.

Юмор

Юмор есть — ума не надо.

Юноша

Юноши и девушки,
овладевайте друг другом!

Юпитер

Что не дозволено Юпитеру,
то дозволено быку.

Юрист

Два юриста — восемь мнений.

Юрист не велик,
а сидеть не велит.

Я

Я вас любил, деревья гнулись.

Яблоко

Если на вас упало яблоко,
то удирайте как можно скорее:
яблоня от яблока недалеко
падает.

Яблоко от яблони недалеко
ябнулось.

Ягодица

Как у нас, ягодиц, говорится —
все в дело годится.

Язык

Длинный язык до клитора
доведет.

Знать языка, который говорить
хорошо, надо очень!

Язык дан дипломату для того, чтобы скрывать свои мысли.

Яичко

Дорого яичко
к Международному
женскому дню!

Яйцо

Если яйцо учит курицу, сварите его вкрутую.

Яйца от курицы недалеко падают.

Яйца курицу не учат. Конечно: откуда же у женщины яйца?

Яма

Не рой другому яму сам.

Не рой другому яму,
вылетит — не поймаешь.

Не рой другому яму,
позаботься сначала о своей.

Не рой другому яму,
работай меньше.

Прежде чем вырыть другому
яму, докопайся до истины.

Ямб

Не рой ямб другому.

Ямщик

Ямщик, не гони,
ты же гонишь, ямщик.

Литературно-художественное издание

НЕСКУЧНЫЕ АФОРИЗМЫ ДЛЯ ВЕСЕЛЫХ ЛЮДЕЙ

Автор-составитель
АДАМЧИК *Владимир Вячеславович*

Ответственная за выпуск *В. Н. Волкова*

Подписано в печать 10.12.2010.
Формат 70×108 $^1/_{32}$. Бумага офсетная. Печать офсетная.
Усл. печ. л. 16,8. Тираж 5 000 экз. Заказ № 2769

ООО «Харвест».
Лицензия № 02330/0494377 от 16.03.2009.
Республика Беларусь, 220013, Минск, ул. Кульман,
д. 1, корп. 3, эт. 4, к. 42.

Издание осуществлено при техническом участии ООО «Издательство АСТ»

Отпечатано с готовых файлов заказчика в ОАО «ИПК
«Ульяновский Дом печати». 432980, г. Ульяновск, ул. Гончарова, 14